印光大師

謙虛的大和尚

高僧小說系列｜精選

徐潔　著◆劉建志　繪

智慧與慈悲的分享

聖嚴法師

小說，是通過文學的筆觸，以說故事的方式，表現人性之美，所以稱為文藝作品。它可以是寫實的，也可以是虛構的，但它必定是與人心相應，才會獲得讀者的喜愛與共鳴。

高僧的傳記，是眞有其人、實有其事的眞實故事，也是通過文字的技巧，以敍述介紹的方式，將高僧的行誼，呈現在讀者的眼前，也是屬於文學類的作品，只是缺少小說那樣戲劇性的氣氛。

高僧的傳記，以現代人白話文體，加上小說的表現手法，那就顯得特別生動而富於趣味化了。我從小喜歡文學作品的原因，是佩服它有高度的說服力，並且能使讀者印象深刻，歷久不忘，並且認為高深的佛法，經過文學的表現，就能普及民間，深入民心，達成化世導俗的效果。我們發現諸多佛經的體裁，是用小品散文、長短篇小說，以及長短篇的詩偈寫成的。

近代已有人用白話文翻譯佛經，也有人以語體文重寫高僧傳記，但尚未有人以小說及童話的方式來重寫高僧傳記。故在《大藏經》中雖藏有極豐富的歷代高僧傳記資料，市面上卻很難見到。我們的法鼓文化事業股份有限公司，爲了使得故典的原文很容易地被現代的讀者接受，尤其容易讓青少年們喜愛，而從高僧傳記之中，分享到他們的智慧及慈悲，所以經過兩年多的策畫運作，推出一套「高僧小說系列」的叢書，選出四十位高僧的傳記，邀請到當代老、中、青三代的兒童文學作家群，根據史傳資料，用他們的生花妙筆、豐富的感情、敏銳的想像，加上電影蒙太奇的剪接技巧，以現代小說的形式，生動活潑地呈現到讀者的面前。這使得歷史上的高僧群，都回到我們現代人的生活中來，陪伴著我們，給我們智慧，給我們安慰，給我們健康，給我們平安。

這套叢書的主要對象是青少年，但它是屬於一切人的，是超越於年齡層次的佛教讀物。

我要在此感謝參與這套叢書編寫出版的全體工作人員，包括編者、作者、畫家、審核者、校對者、發行者，由於他們的努力，才能有這項成果奉獻在廣大的讀者之前。也請諸方先進和所有的讀者，多給我們鼓勵和指教。

一九九五年四月八日晨

序於台北法鼓山農禪寺

推薦序

人生要通往哪裡？

蔡志忠

「只有死掉的魚，才隨波逐流！」

人生是件簡單的事，是我們自己把它弄得很複雜的。

魚從來都不思考：

「水是什麼？

水爲何要流？

水爲何不流？」

這些無謂的問題。

魚只有一個最簡單的問題：

「我要不要游？
如何游？
游到哪裡？
游到那裡做什麼？」
人常自陷於無明的憂鬱深淵，無法跳脫出來。
人也常走進一條沒有出口的道路，
才發現原來這根本不是自己的人生之道。
兩千五百年前，佛陀原本也自陷於
人生的痛苦深淵……，經過六年的
修行思考，佛陀終於覺悟出：
「什麼是苦？
苦形成的次第過程？
如何消滅苦？
通往無苦的解脫自在之道。」

這也就是苦生、苦滅，一切因緣生的「三法印」、「緣起法」、「四聖諦」、「八正道」，所有攸關於人產生煩惱痛苦的原因和達到解脫、自在、清淨境界、彼岸之道的修行方法。

佛陀在世時，傳法四十五年，佛滅度後，佛陀的思想由他的弟子們傳承到後世，成爲今天的佛教。在佛教的發展過程中，留下了許多動人的高僧故事。

除了《景德傳燈錄》記載著所有禪宗各支歷代高僧學佛得道的故事之外，《大藏經》五十卷的〈高僧傳〉、〈續高僧傳〉裡也記載很多歷代大師傳記典故；此外，還有印度、西藏、日本等地大師的故事。通過閱讀過去大德諸賢的故事，可以讓我們對人生的迷惘問題得到啓發。

胡適說：

「宗教要傳播得遠，

佛理要說得明白清楚，

都不能不靠白話來推廣。」

這套高僧小說也繼承這使命，以小說的方式講述高僧的故事。讓讀者能透過這些歷代高僧的故事，得以啓發人生大道。相信做爲一個中華民族的後代，身在儒、釋、道思想的傳統文化背景下，如能透過高僧小說多了解佛教思想，對自己未來人生之路的導引和思考，必定能獲得很大的益助。

自序

看見自己的渺小

我從念國小的時候開始寫作文，念初中（國中）時學著投稿。後來因當了記者，不得不天天寫東西，加上又一直持續寫一些有的沒有的文章，提筆和敲鍵盤，竟成爲每天要做的功課。一路寫下來，前前後後不知寫了有沒有一、兩千萬字了？

我寫過童話、少年小說、童詩、兒歌、散文、科幻、小說、雜文……等，原以爲就只有墓誌銘還沒替人家寫過，法鼓文化找我寫印光大師之後，我才發現，原來這樣的文章，我竟還沒有嘗試過。

這是什麼樣的文章呢？對我而言，這是一篇非常、非常難寫的文章。在這以前，我以爲自己下筆千言，以爲自己隨時可以寫出很精彩的作品，不管有沒有靈感，不管有沒有心情，不管在什麼樣的環境之下，只要想寫或只要必須寫，隨時都可以動筆。

有一陣子我還大膽狂妄、幼稚無知地以爲，只要我想要某一項文學獎，就能探囊取物，手到擒來。我維持著這樣「外表沉默、謙虛，內心卻自信滿滿」的心不知有多久了，一直到法鼓文化給我這一次寫作任務，才一下子粉碎了那種虛無可笑的自信。

「寫一個人的傳記，何難之有？」這是我坐在電腦前開始敲下第一鍵時的心情。可是，我發現了一件事：我對這個筆下所要寫的人一無所知，而這個人不好寫，這樣的文章不好寫。

他是一個眞正存在的人而不是虛構，更不容我虛構。他是一位歷史人物，我寫他有如在寫歷史，不能增減歪曲。他的一生雖然非常了不起，但他的了不起之處，不是曲折離奇、光怪陸離，更沒有緊張刺激、驚險重重。而我寫他，是要寫給青少年朋友看的，我必須顧慮到眞實，卻更得時時注意我的年輕讀者們的耐心和興趣。我不能語不驚人死不休，更不能清清如水平鋪直述寫年表或言行錄、起居注，這可難了。

一度，我想打退堂鼓了。尤其是法鼓文化的果光法師一而再、再而三寄來資料，每多看完一本，就更讓我惶然興起乾脆開溜一走了之、一推了之的念頭。難度這麼高的事，我怎麼有能力、有時間、有耐心去完成呢？

但是，我還是寫下去了，寫得很辛苦，運用自如的文字突然變得很陌生。一本本厚厚的參考資料看起來很好看，用起來卻如群蜂亂舞，寫了一遍又一遍，就是無法讓自己滿意。從小到大，寫稿總是隨興隨意隨緣，我幾乎沒有這麼辛苦地寫過稿。好歹，我還是把它寫完了。我把其中一份交到果光師的手裡，心有點兒虛，暗地裡列印一份帶到加拿大，利用我在加拿大的假期，狠狠地再看一遍。結果是：愈看愈心虛，怎麼看，它都不能達到自我要求的最低標準。

五月底從加拿大回來，正想打電話到出版社提出再改寫的要求，居然發現家裡的傳真機上，不知何時已出現了果光法師的信，提出來的意見，正是我想要大力增刪的，好巧！於是，理直氣壯地重看原稿，重新構思，重新檢查，重敲鍵盤，展開了刪刪改改的另一番工程。

這一趟改寫的路，倒是一路平坦順遂，清清爽爽、開開心心地完成了，寫完的那一天，正是我被報社從桃園調到台北總社的前夕。我把我的磁碟片送到農禪寺，還冒著霏霏細雨在農禪寺邊的荷田看了好幾小時的荷花，心裡充滿了平靜和歡喜。一位素昧平生的農人，還無緣無故送了我六朵荷花，我把它們帶回家，不但香了好幾天，我還把它們的形像畫下來、裱好，送給盛情送我到台北任新職的朋友們，成了一個奇妙因緣組構成的紀念品。

非常感謝法鼓文化給我這樣難得的機會，讓我認識了自己的能力單薄，讓我認識了我聽都沒有聽過的印光大師，雖然寫得不好，但我知道，我是眞的很認眞地寫了。

一九九五年七月二十二日　邱傑於聯合報編輯部

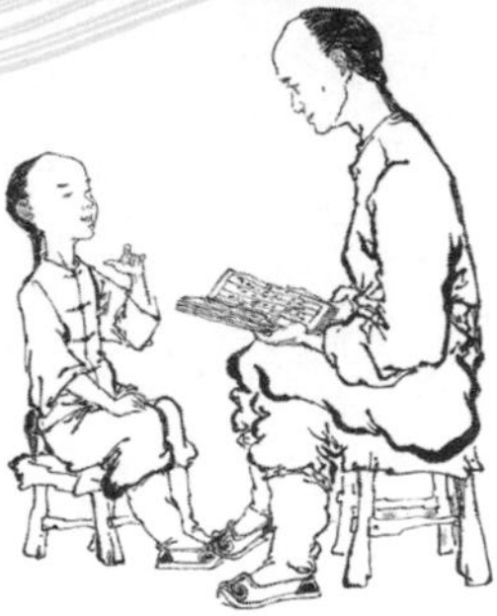

01 故事的主人翁

浙江普陀山是中國的佛教聖地。山上有一座法雨寺，莊嚴、寧靜。

這一天，有一位周先生，專程到普陀山聖地來朝山。到了法雨寺一看，啊！舊舊破破的房舍，木頭門上貼了一張紙，上面寫著四個字：

念佛待死。

念佛待死！雖然是簡簡單單、短短的四個字，卻讓人有直衝心版的感覺。究竟是誰住在裡頭呢？竟然如此豁達，如此誠敬，如此忠貞地、坦率地表達他對佛的信仰和追求。

「裡頭住的是什麼樣的人呢？想必是一位得道高僧吧？」周先生心中這麼想著，除了好奇，更有滿懷的尊敬之意。

「我能不能進去打擾一下呢？」他在心中不斷地思索著。最後終於做了決定，就算是冒昧，好歹總要進去一拜，才算不虛此行。

於是，他輕輕地叩了叩木頭門。門開了，出來一位面貌慈祥的和尚。一問

念佛待死

才知，原來是印光老和尚，當場把這位周先生驚住了。

印光老和尚不但沒有責怪他的打擾，竟表現得好像比他還不安，雖然請他進屋一敘，卻連連要求：「請不要把我在這兒的事張揚出去。」

「因爲我只是一個慚愧的和尚，我只是在這兒學佛、念佛[1]。我沒有什麼可以給大家的，請不要驚動別人才好！」

這位印光大師，便是我們這一本書的主人翁。

在那一個年代裡，印光大師幾乎是全中國家喻戶曉的佛教大師。有數不盡的人只因爲看了他的文章，便跑去出家當和尚了；還有更多的人不辭千里路遠，跋山涉水千方百計只想見他一面。而他自己，則是一個非常謙虛、非常有修養的人。他雖然道德崇高、學識淵博，卻從來不肯擔任任何一座寺院的住持[2]；雖然全國各地每日都有遠來求見者，每天都有想皈依他的人，但他出家六十年，卻連一個剃度弟子也不曾收過。

他的理由是：慚愧啊，慚愧啊！我有何德、有何能，能當人家的師父呀？

他的名聲是如此地響亮，拜訪他的人，多得往往使得深山的寺院有如菜市

場那麼熱鬧。爲了要靜靜地研修佛法，爲了能更加專心地念佛，他只得到處尋找更深的山，更沒有人知道的寺院；甚至於把自己關進小小寮房，貼上紙條，以便謝絕一切。

印光大師是什麼樣的一個人呢？有人說他是大勢至菩薩的化身，有關他身上出現的傳奇很多，佛教界則尊稱他是淨土宗第十三代祖師。

本書寫的，就是這位大師的故事。

❖註釋❖

❶念佛：思念佛的形相和功德，或念誦佛名號的一種修行方法。據說一心念佛，有助於達到解脫或死後往生佛國。

❷住持：掌管一寺的主僧，亦稱方丈，有久住、護持佛法之意。

02

紹伊的誕生

「恭喜您啊，家裡又添了一位小壯丁！」

「啊，小娃兒長得這麼好，像爸爸一樣的鼻子，準是一位前途發達的少爺！」

十二月天，外頭好冷的北風，一陣一陣吹得讓人打哆嗦。可是，房子裡頭卻熱烘烘的，擠滿了人。因爲男主人添了一個小男娃。

「阿爹，弟弟的臉怎麼那麼紅通通的，好像喝醉了？」

「少胡說，小弟弟怎麼可能喝酒！一定是看到你，不高興，生氣啦！」

小娃娃有兩個哥哥，這時也擠在人群裡，仔細地「欣賞」他，還有一句沒一句地發表意見。

這是一百三十多年前的事了，也就是清文宗咸豐十一年（西元一八六一年）。

此處是中國陝西郃陽縣一個叫作赤城東村的小村莊。

郃陽縣不是一個很富庶的縣。天氣好的時候，土地硬得像石頭，下幾天雨以後又變得黏黏、稠稠的。無論是種稻種麥，或其他農作物，種起來辛苦，

長得也不好，農民的日子並不是很好過。

剛剛生了小寶寶的人家就是一戶農民，姓趙，叫作趙秉綱。

趙秉綱一家人住在郃陽縣已經有好幾代了，一代一代都很辛勤、刻苦地過日子，所以總算有了一些田地、幾棟房子，算得上是一個小康之家。

趙家平時待人很好，和左鄰右舍相處和睦，鄰家有什麼困難找上門，趙家一定出錢出力幫忙到底，因此很受到鄰里的敬愛。

趙秉綱一共生了三個孩子，老大取名叫作趙從龍，老二取名叫作趙樊龍；老三，也就是剛剛生下來的這個小寶寶，取名趙紹伊。

中國人說的龍，和考古學家所說的恐龍可不一樣。在中國古代，龍是一種偉大得不得了的神怪靈獸，牠幾乎就代表了上帝，代表了人人敬畏的老天爺。所以，皇帝自稱是天子，穿的是龍袍，坐的是雕著九條龍的大椅，連睡覺的床鋪都叫作龍床。直到今天，我們還唱《龍的傳人》這首歌，自稱是龍的子孫。

龍是這麼地偉大，於是中國人有很多都替自己的孩子取名作龍。陝西這位趙秉綱先生大概也是希望他的小孩長大以後，能夠很有出息、很了不起，能出人頭地，所以生了一個大兒子，用龍來取名字；生了二兒子，也用龍來取名字。一個從龍，一個樊龍，多了不起！

至於老三呢？怎麼沒想到替他再取一個叫作什麼龍的名字呢？怎麼取來取去，取出一個紹伊這樣的名字呢？

現在我們很難想像這位趙先生當初究竟是爲何做成了這樣的決定，對中國人來說，取名字是多麼重大的一件事呀！可是這是一百三十多年前的事了，趙先生老早就不在了，我們只能猜猜看，或許當年他是這麼做的決定吧：

「我看我們這個老三，眼神這麼靈活，額頭這麼開闊，將來一定是一個大富大貴的人家，我們一定得替他取個好名字才對。」

「夫君，是不是像老大、老二那樣，再取個龍的好名字呢？」夫人是一位賢慧、典型的中國農家婦女，丈夫的意見就是意見。

「我覺得，這個老三哪，要取另外一個更好的名字！」

「您說，我聽聽。」夫人撫著懷裡的小寶貝，顯得無限地慈愛。

「就取名紹伊吧！」趙秉綱接著便得意地向妻子解釋這個名字有多好，這

可是大有典故的。

這個典故得從古代商朝說起。商朝時期，出過一位名垂青史的好宰相，名字叫作伊尹，他便是陝西郃陽縣人。趙秉綱想了好多天，想到給初出生的小寶寶取個紹伊這樣的名字，用意是希望自己的孩子將來長大了，也可以像幾千年前那位郃陽縣的偉人伊尹先生一樣，官拜宰相之尊。宰相是皇帝之下的第一人，也就是所謂的一人之下、萬人之上，位高權重，是一般人民所盼望的最最了不起的大官。

在那個王位一代傳一代的時代裡，不要說人民有可能當皇帝，就是心裡頭都不准有當皇帝的念頭。誰敢想要當皇帝，或是想讓自己的小孩長大了當皇帝，那是非被殺頭不可的大罪。

「夫君眞是太有學問了！」

夫人露出無限尊敬的眼光，彷彿也覺得懷裡抱著的，是一位有一天會變成宰相的了不起的嬰兒。

這個被父母親寄託了無盡的期許和祝福的小寶寶，後來有沒有和郃陽縣幾千年前那位偉大的前輩伊尹先生一樣，當到宰相這樣的大官呢？

小小的紹伊慢慢長大了，和農村的小朋友一樣好玩、一樣可愛。

只是，他的身體一直不如兩個哥哥那麼結實，甚至在六個月大的時候，還感染了急性結膜炎。這種眼睛的毛病，現在在台灣並沒有什麼了不起，多看幾次醫生、保持眼睛的清潔，大概都可以治好。但是在一百多年前窮苦的大陸農村卻不是這樣，他病得兩個眼睛差一點就瞎掉！後來雖然花了很多錢，終於讓大夫治好了，卻從此以後一輩子都沒辦法仔細地看東西。任何東西，只要稍微看得久一點，眼就花了，視力就模糊了，疼痛得淚水就忍不住地掉下來了。

後來他先後又生過幾場病，每次總是病得讓全家緊張，單薄的小小生命，好像隨時就會消失，家人對他的身體可眞是傷透了腦筋。

一直到六、七歲的時候，有一天爸爸有意無意地問他，長大以後想學從龍大哥呢？還是想學樊龍二哥？

從龍大哥從小愛讀書，非常地用功，爸爸很得意，除了自己教，後來還請先生到家裡來教。

樊龍二哥呢？倒也不是不好，就是比較喜歡動手操作，不喜歡在家裡搖頭晃腦念「之乎者也」，背孔子說、孟子說的那些道德文章。他一看到書就皺眉頭，巴不得往外逃，寧可在田裡跟工人一塊兒忙粗重的事。慢慢地，小小年紀竟也會在田裡做很多辛苦、繁重的農事，好像想學爸爸那樣，一輩子做一個好農夫，討個好媳婦，就心滿意足啦！

「我喜歡學從龍大哥。」紹伊說：「我要念書，要念很多很多書。」

「好孩子！」爸爸開心地瞇上眼睛，笑得嘴巴都合不攏了。

郃陽這一個小小的縣城，除了幾千年前出過一位大宰相，還有一種地方上的特色——鄉人喜歡追求功名，也就是喜歡立志做大官。

中國最大的河川：黃河，流過郃陽縣城邊，滾滾大河，濁浪濤濤。隔著一條浩浩蕩蕩的黃河，縣城的對岸便是山西。

上了黃河碼頭，順河而下，經過一個名叫朝邑的小縣，便抵達潼關。潼關是古來非常有名的大都會，也是非常重要的大關隘，地形險要，歷朝都由政府派遣名將駐守。京城的事，從潼關順著黃河流傳散播，郃陽小縣的人，就算沒有多少人上過京城，至少見多了京城來的人，也聽多了京城的大事小事。面對著自己家鄉的窮困破落，想像遙遠的京城十里風華盛況，怎不讓那些保守、勤勉、篤實的鄉民興起這樣的念頭：生了孩子，一定得令他早早考個功名，來光宗耀祖！

於是，七歲那一年，趙秉綱讓紹伊正式開始讀書寫字。趙秉綱替他指定的老師不是別人，正是自己最得意的大兒子從龍。

我們現在先放下紹伊小弟弟跟著大哥念書的事，來看一段很有意思的話。這一段話是這麼寫的：

> 若病苦至劇，不能忍受者，當於朝暮念佛迴向外，專心致志，念南無觀世音菩薩。
>
> 觀音現身塵剎，尋聲救苦。人當危急之際，若能持誦禮拜，無不隨感而應，即垂慈佑，令脫苦惱而獲安樂也。

念起來好難啊！究竟是什麼意思呢？其實一解釋就非常明白。這一段話的意思是說：如果有人生病了，病得非常痛苦，簡直沒有辦法忍受了，該怎麼辦是好呢？

辦法很簡單，就是要在早上、晚上，從早到晚，不停地念佛。而且要很專心地念，念南無觀世音菩薩的聖號。

只要誠心誠意地念佛，向觀世音菩薩祈求，觀世音菩薩便會出現，循著你的聲音去找你；找到了你以後，會立即伸出慈悲的手來救護你，讓你不再受到那麼多的苦痛。

不但生病時要求觀世音菩薩，遇到任何危急的事也一樣。緊急時，趕快向觀世音菩薩求助，觀世音菩薩一定會立刻出現來幫助你，讓你脫離苦惱、危急，得到平安和快樂。

眞的嗎？念佛、念觀世音菩薩眞的這麼有用嗎？你相不相信呢？

很多人都不會相信。或許只能說：信不信由你！

爲什麼我們要在這個時候，告訴你有這麼一句話呢？因爲這一句話是我們這本書的主人翁，也就是那位紹伊小弟弟所說的。當然不是他在小小年紀的時候所說，而是他長大之後，從自己的生活經驗裡領悟到以後才說出來。這位趙紹伊先生，一生共活了八十歲，講了很多被認爲是很重要的話流傳到今天。在後面，我們還會陸續摘錄一部分在這一本書裡。

好啦，回過來，繼續談紹伊小弟弟跟著大哥念書的事吧！

大哥的學問可眞不是蓋的，他先教弟弟讀孔子、孟子的學說。紹伊小弟弟學得很快，於是大哥加快了進度，小小年紀便再教他學韓愈、歐陽修、程子、朱子這些歷代大思想家、大學問家的學說。他一面學，一面對這些大師淵博的學問發出由衷的讚歎，愈學愈有興致，簡直是一頭栽進學問的大海洋裡去了。

「爲往聖繼絕學！」這是紹伊發出的豪語。

這一段時間，他對韓愈、歐陽修等大學問家眞是崇拜得五體投地，而他也說出了心裡的話。他說，韓、歐陽、程、朱諸大師死去之後，數百年來沒有再見過大師，他們偉大的學問後繼無人，他怎麼可以容忍這些大學問家被後人遺忘呢？他當然得立志要替這些聖賢們承繼那麼博大精深的學問！

03

病中的疑情

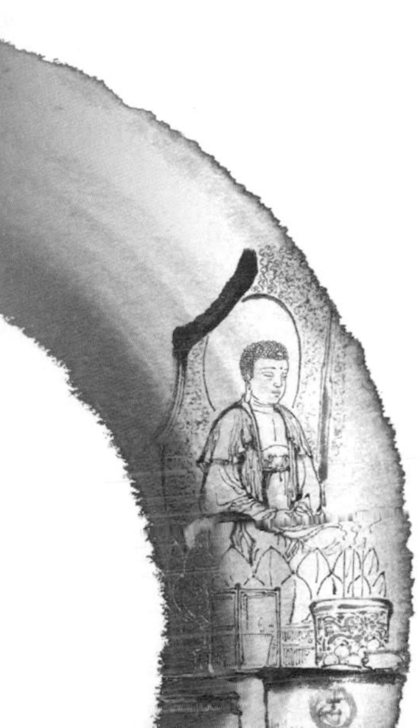

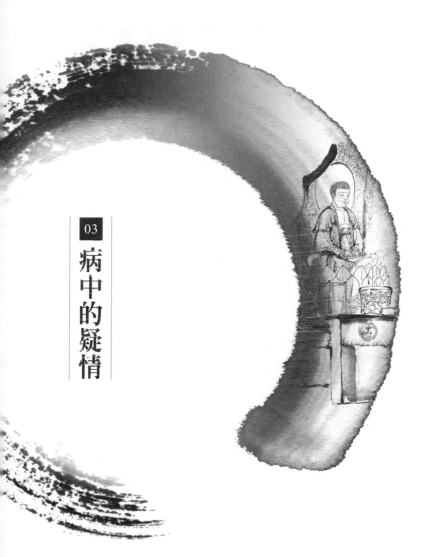

趙家大哥除了教他書裡頭的學問，還秉持父親的指示，嚴格地教小弟做人的道理，例如每天一大早起來一定要先打掃庭院，要掃得乾乾淨淨，不准留下一片落葉。念書之外，還得下田幫忙耕種。

趙老爹的規矩倒很符合現代人的觀念：要讀書，也要注意身體的健康，可不能爲了專心讀書，搞壞了身體，變成一個病書生，或是成了個肩不能挑、手不能提，連五穀雜糧都搞不清楚的文弱書生。哈！只可惜的是，我們現代的兒童裡，有很多人眞的是只曉得念書，上各種才藝班，搞得臉白白的、腿軟軟的，太陽一曬就昏倒，五穀究竟是些什麼都搞不懂！

大哥怎麼教，紹伊就怎麼學，學得很快活。趙家勤儉樸實的家風，父兄肅然仁讓的處世態度，在潛移默化之下，讓紹伊養成一輩子嚴格律己、審愼篤實的個性。

但是，一直到十五歲那一年，他又生了一場大病。

大哥、二哥待他好，教他念書不忘保健，只嘆他自己的身體一直不爭氣，除了出生六個月時兩個眼睛差一點瞎掉之外，十幾年來陸陸續續又病了好幾

回。整個童年，有大半的時間都離不開藥罐子，只是沒有十五歲這一場怪病這麼慘就是了。

究竟是什麼病，現在找不到足夠的資料，所以沒有辦法說清楚。在一百多年前那樣的農村裡，沒有現代化醫療設備，當然也沒有任何病歷檔案留下來。韓、歐陽、程、朱各家的學問，雖然都深深烙印在紹伊的腦海裡，可是人一旦病了，病得奄奄一息，痛苦得簡直要死掉了，再多的學問也無濟於事。

這時，他輾轉在病床上，開始認真地思索一些有關生命的問題：

「我，就這麼過一生嗎？

「我會病死嗎？如果我逃不出病魔的手掌，當然就死啦！

「當然，每一個人都會死，有的人年紀很小就死掉了；有的人活得很久，八十歲、九十歲才死。但是，三歲、五歲死，三十歲、五十歲死，八十歲、九十歲死，還不是一樣都會死？活得長一點或短一點，仔細想來，還不是都差不多？

「這個浩瀚的宇宙，不知道有幾千年、幾億年？窗外的那一彎明月，也不知道存在了幾千年、幾萬年？和他們相比，人，就算活了八十年、九十年，其實都一樣苦短呀！

「我是父母生下來的，可是，爲什麼他們生了一個『我』，生的不是別人？我究竟從哪兒來呢？如果我現在就病死了，死了以後有沒有靈魂？肉體當然會腐爛，靈魂呢？我的靈魂會飄蕩到哪兒去呢？

「韓愈、歐陽修等理學大宗師的學問再怎麼博大，思前想後，對於我這一個小得不能再小的問題，卻好像都沒有答案哩！我該從哪兒去找答案呢？」

紹伊一直受到病魔所苦，愈是痛苦，心中的疑惑也愈加地深刻。

說來也是一場奇妙的機緣，這個時候，一位前來探視他的親戚告訴他一句話：「你何不試著念佛，請求佛幫你尋找答案，也幫你解除身體的痛苦呢？」

在這以前，紹伊的心裡，幾乎從來不曾有過「佛」這個字。他學的是孔、孟、韓、歐陽、程、朱之學，孔子一向主張「不語怪力亂神」、「敬鬼神而遠之」，不和鬼神打交道；而韓、歐陽、程、朱都是理學大師，什麼事都講究科

學，更不願談神論鬼。

紹伊受到這些大師的影響，不但不信佛教，更打從心底排斥佛教，認爲出家人不事生產，只曉得敲木魚念經，他一點也不曾尊敬過他們。

「有用嗎？佛能幫助我這個凡夫俗子嗎？」

他的心中是無限地懷疑。可是，也彷彿在迷茫的大海中，看到了一束遙遠的光，他拖著飽經折磨、無限疲憊的身軀，開始朝著那光航去。

而事情就是那麼地不可思議，他開始向佛祖祈求，也開始試著用卑微的、謙遜的心，學習佛教的學問。沒有多久，他的病竟然迅速康復了。復原得那麼快、那麼好，連大夫都驚訝不已。

這以後，他雖然和以前一樣，跟大哥學習各種學問，偶爾也一樣又生一場或大或小的病。做學問時一樣用功，而生病呢？和那次一樣，除了延醫治療，他倒是多了一種「法寶」——念佛。如此學學病病、病病學學，病了好、好了病，課業進步之餘，無形中對佛法的認識也愈來愈多、愈來愈深。

所以，他後來才會苦口婆心地告訴大家：有苦痛、有危難時，永遠不要忘

了有一位守護者在那兒等待你呼喚，他必然會立刻前來幫助你的，那位守護者，就是慈悲的佛。

04

赴長安深造

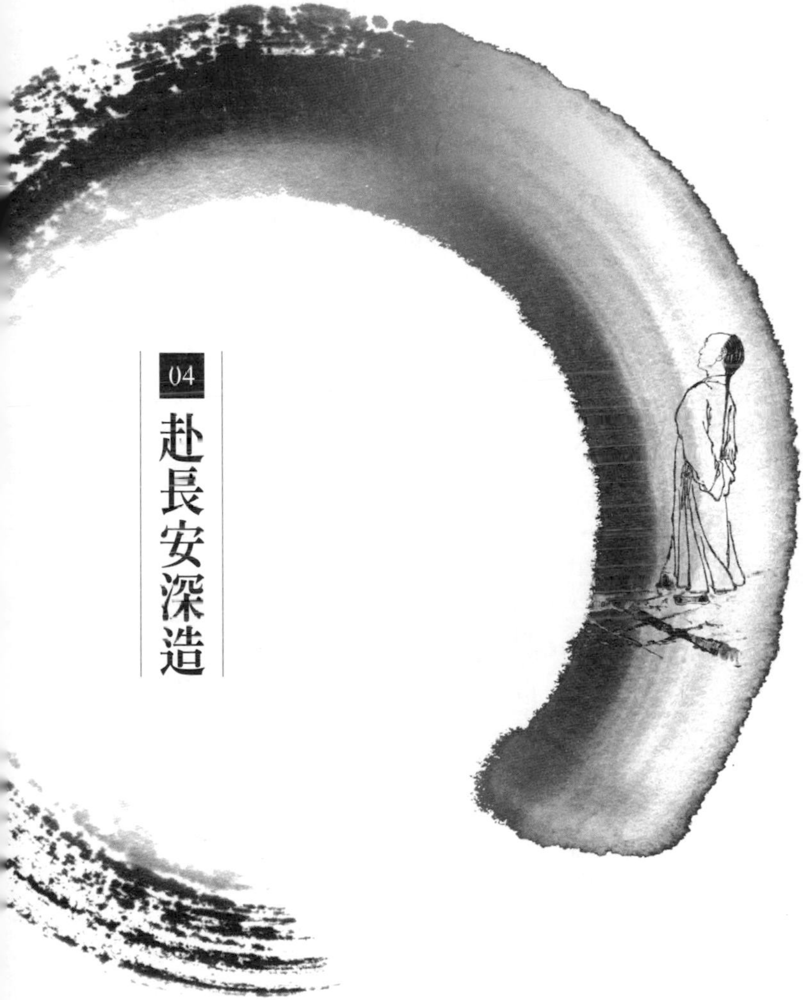

前面我們說過，這個趙紹伊小弟弟，出生在一百三十多年前，那是一個什麼樣的年代呢？

那是中國近代史上一個相當悲慘的黑暗時代。戰禍連連，民不聊生，許多無辜的老百姓都嘗到了家破人亡、流離失所的悲哀。

在紹伊小弟弟出生前十九年，也就是清道光二十至二十二年間（西元一八四〇～一八四二年），中國境內爆發了一場國際大戰——鴉片戰爭。這一場戰爭，打得滿清政府兵敗如山倒，最後不得不割地賠款以求和。

此後幾十年，外國強權勢力大舉侵入中國，類似的國際戰爭，一場接著一場不斷地發生。每次開戰，滿清政府一定打輸；每次打輸，一定找一位大臣去「媾和」，也就是去談判、求和。老百姓在這苦難中，眞可說是生不如死。

紹伊跟著大哥從龍念書，大時代雖然悽慘，幸好他們所住的陝西部陽縣那個小小村莊，一直都沒有受到盜匪或是戰禍的直接衝擊。民生雖苦，畢竟比起烽火連天的地方要好得多了。

從七歲開始念書，一直念到十五歲大病一場；病好以後，全家人並沒有放

棄他，仍然認爲他應該好好地繼續念下去，只要好好念書，將來必定可以獲得功名，做大官。所以當他病癒，休養一段時間之後，從龍大哥便依照父親的指示，把他帶到一個更大的都市——長安城，去深造。

長安是歷史名都，古往今來，文風薈萃，瀰漫著濃濃的文化氣息。而且長安也的的確確遠比郚陽縣城大得太多、太多了，紹伊初到長安，天天都充滿了新鮮感。

只是，這時候他念書，已經漸漸地有了改變。

以前念書，目的很簡單，就是把書念好，然後進京趕考，考得一個好成績，名列前茅便可以獲得朝廷拔擢當大官。

書念得愈好，便可以當愈大的官，說來倒是當時那種科舉制度公平的一面。當然，當愈大的官，便愈是光宗耀祖的好事！以前那樣想，現在到了長安，是否還是那樣的想法呢？

舉目望去，常常可以看到很多大官，住著豪華的大官邸宅院，穿著綾羅錦緞，出門則是前呼後擁，好不威風。家裡更是妻妾成群，婢僕隨侍，讓人感到

「當大官眞好」！

然而紹伊小弟弟，不，不是小弟弟，紹伊現在已經是和我們這個年代上國中一、二年級一般大的少年了，他卻沒有這麼想了。

他想些什麼呢？自從那一場病，以及後來在病中的一些思考、一些探索、一些奇遇，他似乎已經感受到一件事：人生，不一定非以追逐功名爲唯一的目的，可以追求的可還多著呢！

以前他專攻理學，排斥宗教，尤其更是排斥佛教學說。現在他學會以謙卑的心重新來審視自己，發現了自己的渺小，更發現除了追求書本上的學問、追求功名之外，人生另有一扇大大的窗，窗裡擁有更多值得珍惜、值得追求的寶藏。

世間何事，能得久長？

這是他說過的一句話：世界上有什麼事是眞正地長長久久的呀？他繼續說：

日中則昃，月盈則食。天道尚然，何況人事？

樂境甫現，苦境即臨；

當樂境壞滅之時，其苦有不堪言者，故名樂為壞苦也。

世界上眞的沒有什麼長長久久、永遠存在的東西哩！你看那太陽，剛剛才走到正中央，一下子便向西偏去了；你再看那月亮，現在圓了，可是只過一刹那，又會逐漸缺去。這是大自然的現象。

大自然都這樣，何況是我們平凡人呢？

所以說嘛！你好像剛剛才得到快樂，可是轉眼之間，快樂好像已逐漸消失了。你得到的快樂愈多、愈大，失去的時候就會愈發感到苦不堪言，不是嗎？

「追求功名的後果，眞的就能得到快樂嗎？」紹伊想了又想，悟出來的結論是：未必吧！

在長安城裡，他攻讀之餘，也開始「打開心靈的窗戶」，嘗試著看佛書，從佛書裡找眞理。

偶爾出門，冷靜地看大街上人來人往，車馬喧鬧，忙忙碌碌，他覺得即使是販夫走卒，也有純眞可愛的一面，每一個人都有每一個人的可愛一面。有的人爲光宗耀祖而奔走，有的人爲妻兒溫飽而奔走，有的人爲自己的理想而奔走，有的人不奔不走、遊手好閒，甚至不務正業、不幹好事。

可是人家好歹也是組成這個大社會的一份子，人家一定也有爲什麼會變成這個樣子的道理在，而值得去悲憫、值得去體諒、值得去引導。

看那麼多形形色色的人，使他忍不住說：

看一切人皆是菩薩，唯我一人實是凡夫。

這可是從他心底說出來的話。

他有心學習佛教的道理，可是那一陣子，卻也是佛教在中國最「背」的時候。當外國人的各種勢力隨著大軍開進來之後，有一些不肖的外國宗教界人物，便有恃無恐地在中國境內胡作非爲，破壞神像、燒毀寺院，侵占寺院財

悅來客

產，佛教徒簡直有世界末劫已到之感。

中國滿清政府聽信朝廷大官倡導的「戊戌變法」，想要改革時政。但這一項變法中所談到的宗教政策，表面上主張把全國的寺院及佛教界的產業拿出來興辦學校，改正社會風氣；事實上卻因執行得不好，反而變成一些惡劣的土豪、惡霸肆無忌憚侵占佛教界產業的藉口。於是，許多千百年香火不斷的名寺古剎就此毀於一旦。

當然，這種悲慘的情況，也受到了一些有識之士不平的抗議。例如大學問家章太炎先生，便曾在一九〇五年發表一份〈告佛子書〉，一方面喚醒佛門子弟要言行小心，要用更多的寬容來接受這樣的時代，如果能力許可，不妨由佛門主動出面來辦學校，培養國家有用人才；另一方面也告訴朝野人士：迫害佛教是謬誤的行爲，要趕快停下來。

有些佛教徒體認到大時代的動盪，很小心地應對，但也有很多的佛教徒沒有想到問題的嚴重性，反而只知依附權貴苟安，或是成天替人辦超度、辦法會斂財，追名求利。

一心隨著兄長在長安念書求學的紹伊，處在這樣的一個時代中，眞是百味雜陳。

但是，在他的心靈中的一盞明燈，經過了長時間的驗證，燈光璀璨，持續地引領著他的抉擇，處在黑暗的塵世中，他更加堅定了自己追求的方向。

在過完二十歲那一年以後，他對自己未來所要走的路，可說已經有了清楚的決定。

05

紹伊出家了

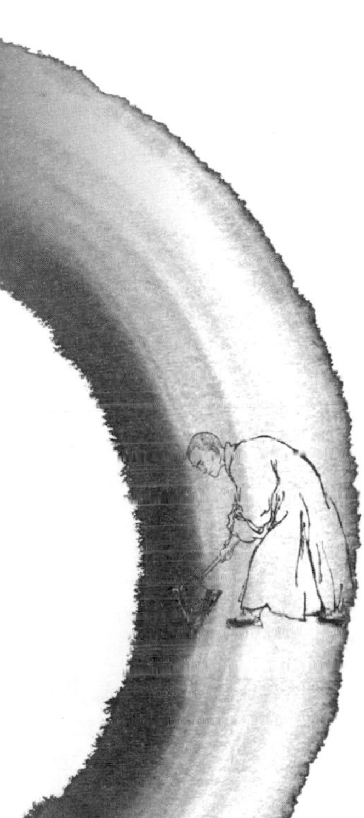

紹伊二十一歲了，已經成長爲一個「大人」，一位飽讀詩書又滿懷熱誠的青年，他覺得已經到了該追求另一個人生境界的時刻了。

他和大哥的學業雙雙都各告一段落，因爲離家已久，大哥必須先回家一趟。大哥行前殷殷交代，一定要好好自修，不可荒廢學業。但大哥離開才兩天，他便收拾好簡單的行李，離開了長安。

他的目的地是長安南方的終南山。

終南山上有一位佛教長老，長安城裡人盡皆知，叫作道純法師。紹伊選擇的方向就是他。

道純老和尚是一位有學問、有修養的佛教明師，一直在終南山的南五台蓮華洞修行。紹伊對他仰慕已久，現在終於有了親自受教的機會，眞是有生以來最大的快樂。

老和尚替他剃掉了頭頂上的「三千煩惱絲」，並且爲他取了個法號，叫作「印光」。剪掉一頭青絲，讓他覺得好像同時也拂落了滿身的塵灰。

而那個出生了二十一年之後才得到的新名字：印光，更使他覺得，從今以

後，那個趙紹伊，就此隨著童年往事化爲縷縷塵煙，漸去漸遠了。

出家當和尙，對紹伊來說，是一個很新奇的經歷。

道純師父看他年紀雖輕，卻已飽讀詩書，談吐不俗，認爲他必是出身富有人家，也以爲紹伊身上多少總有一點零錢才對，所以只給他一件大衫、一雙鞋，所有日常用品都要自己準備。其實啊，紹伊身上一毛錢也沒有！

幸好，紹伊在父親和大哥長年的調教下，養成刻苦自勵的生活習慣。

在他少年、青年的求學時代，每天都是一大早就起床，灑水掃地，自己洗衣、自己炊煮要吃的東西，儉樸地過日子，對物質生活並沒有什麼追求。漂亮的碗可以吃飯，粗粗糙糙的碗也可以吃飯，有一點缺口的破碗照樣可以吃飯，何況在佛寺裡，吃飯不要錢。紹伊對山上的生活，覺得很安適、很有味。

終南山上冷得要命，紹伊——印光，只是一個小和尙，要挑水、要燒水、要劈材、要掃地，什麼苦事兒都得幹。

在那個天寒地凍的地方，寒風颼颼，讓人覺得鼻頭兒都凍僵了，手指頭都凍裂了，印光倒不以爲苦。一來，許多事情他從小就一直在做，早已做習慣了；二來，他也早在心裡做好了準備，要出家，當然得受得起許許多多身體的、心理的淬鍊和考驗，出家不是來享福的。

只是，他在終南山學習做一個忘掉塵緣的出家人，但塵緣可沒有把他忘掉。他出家的事，一下子便傳到距離長安城足足有四百二十里外的郃陽縣赤城東村去。

紹伊出家了！

紹伊自己，根本不覺得出家是什麼奇怪、突兀的事，相反地，反而是一件自自然然的決心，就好像是果子熟了，便會從樹上掉下來那麼地自然。但是，對他的家人來說，那簡直是天大的一件事，誰都不能接受！

「這究竟是怎麼一回事呀？」父母急得團團轉。

「我也不清楚。對不起，爹、娘，我真的一無所知。」從龍大哥幾乎不敢正視雙親。

「我離開長安只有幾天而已。」

「他事先沒有告訴過你？」

「沒有，完全沒有。」

「你和他在長安的學堂裡共同生活那麼多年，難道你從來不曾觀察過他？」父親忍不住長長地嘆了一口氣。

「是他去終南山出家，而不是終南山的和尚到長安來接他去出家，我不怪終南山。可是，你身為兄長，豈能說毫不知情？一點點蛛絲馬跡的徵兆都沒有嗎？」

「爹，我真的沒有發現他有出家之念。」從龍俯首，低聲地說。

父親生氣，母親更是哭得一把鼻涕、一把眼淚。全家人最大的期望，彷彿一天之間，完全化為飛灰了。

從龍雖然一直俯首不敢申辯，但他在心中已有決定。這個決定便是：弟弟是在他的手中溜走的，也要從他的手中找回來。他要親上終南山，把紹伊找回來！

花了三個多月的時間，從龍輾轉打聽到弟弟出家的南五台蓮花洞。

遠遠的，穿著一襲不太合身的大僧袍，頂著一顆光光的大腦袋，吃力地揮著大斧頭，在一棵老松樹底下劈材的，不正是弟弟嗎？

兄弟情深，一眼就可以認定，那正是紹伊沒錯。

「紹伊，你眞是胡鬧，快快跟我回家去吧，爹、娘都急壞了！你知不知道，娘氣得生病臥床，已經好多天沒吃東西了！」

「阿彌陀佛！人間無常，貧僧塵緣已了，請您萬萬息怒，保重。」

「喂！有沒有搞錯？」從龍的臉漲得又紅又大。

「你是紹伊，紹伊就是你，你以爲剃掉頭髮就不是你了？豈有此理！你可以忘了我從你年僅七歲就苦心教導你的勞苦，你可以不認我這個大哥，但是爹、娘生你、養你之恩，你難道也在一夜之間忘了個精光啦？學佛的人難道就可以不要哥哥、不要爹、不要娘、六親不認？翻臉至此，這就是學佛出來的道理呀？」

聽到母親生病的消息，印光內心起了重大的掙扎，他可以挨下所有的責罵、所有的誤解，但是母親生病，他能置之不理嗎？

「走吧！走吧！你這就先跟我回家一趟吧！出不出家由你，至少先回家探

視母親一趟再說！」

在大哥的心裡，打著一個如意算盤：我現在把你騙回家，一旦回到家，再使出第二個、第三個方法把你困住，看你這個孫猴子，還能逃得了我如來佛的手掌心！

於是，兄弟倆一塊兒下了終南山。

回家的路上，兩人一直沒有多說什麼。等到一下到終南山的登山口，從龍忽然打開他的一個包袱，拿出一套嶄新的衣服。

「你把你這身和尚袍脫掉，換上這一件衣服吧！」大哥用命令式的口氣說：「快一點，天黑以前，我們還得趕到果盛莊休息。」

「爲什麼要換衣服呢？我穿這一套，很自在、很舒服呀！」

「你自在、你舒服，我可不自在、不舒服！」從龍的臉色不好看。「我相信我們回到郃陽，郃陽縣城裡任何一個人看了，也都會不自在、不舒服！」

「衣服只供人禦寒，大哥何必爲了一件衣服的形狀、式樣生氣？」

「我不想和你瞎扯，我只問你，你究竟換是不換？」

「大哥待我恩重如山，我不敢忤逆。可是說眞的，我喜歡的衣服乾淨、大方就好，您給我這麼漂亮的好衣裳，我眞的會穿得很彆扭的。」

「胡說八道！你我一塊兒長大，一塊兒在長安念書五年，你愛穿什麼、不愛穿什麼，我還不曉得？這是你最喜歡的顏色，也是你最喜歡的式樣。我看你就是捨不得脫掉這一身和尚裝，對不對？」

「大哥，我不是這個意思，您叫我回家，我不是跟著您回家了嗎？」

「你換是不換？」大哥又催促一次。

這一次，嗓門提高，聲傳數里，眼睛裡好像有一團火，直直地噴燒出來。

「我告訴你，你今天若不把衣服換掉，我就讓你死在這裡！」

活到這麼大，印光幾乎沒有看過大哥曾經發過這麼大的脾氣。他實在不了解，爲了一件衣服，何必生這麼大的脾氣呢？好吧，換就換吧！

回到家，他在暗中仔細地看家人的反應，他發現：母親的身體還是很好，沒病也沒痛。

母親重病的事，完全是從龍大哥瞎掰。其實父母對他的出家，生氣是生氣，但好像還可以接受。連二哥樊龍，雖然沒有念過多少書，倒也很能溝通，眞正最最反對他當和尙的不是別人，正是從龍大哥！

可是，他還是決定，一定要堅持自己的理念，走自己想走的路。

大哥爲了防止他逃跑，採取緊迫盯人的作法，無論他走到哪兒，便跟到哪兒，完全沒有給他任何單獨走動的機會。三不五時還叫他參加各種應酬，拜訪親戚朋友，讓他學習過「一般人」的生活。

從龍不但不給他單獨出門的機會，而且還不斷以兄長的身分，向他訓誡、開導，教他早早澆熄出家的念頭：「誰教你出家，你便可以出家？從今放下，否則定行痛責。」

大哥在口頭上警告他，在行動上監管他，還差一點把他的一套僧袍剪掉。大哥說：「那套長長的大袍做工很差，但是料子可還不差，應該剪短一點，改做短衫，好看又耐穿。」

他趕快制止說：「這事兒千萬使不得！這是五台山蓮花洞的公產，要是剪了，人家一狀告進官府去，可要吃官司的！」這才保住了僧袍。

看到大哥如此地用心良苦，印光心中明白，既然如此，唯有使用迂迴的策略，想辦法讓大哥對自己完全放心，他才有可能找出一條「逃生之路」。

於是，當下一回大哥再帶他去參加應酬的時候，他就「表演」起來。

「紅燒肉來囉！」跑堂的端著一大盤豬肉出來，他迫不及待就露出一副很想吃的饞樣子，深深吸一口氣，吞一口口水，等不及人家把盤子擺好，就高高舉起竹筷，像閃電一樣，向那一盤豬肉「進攻」過去了。

「呀，好香啊！」印光津津有味地嚼著豬肉，心裡卻一直喊著：「阿彌陀佛！我佛慈悲！」

只是從龍大哥只聽到他嚼肉的聲音，可沒有聽見他心底的呼喚。

這一招果然有效。從龍大哥覺得這個小弟，終於還是被他給「救」回來啦！漸漸地，對他的監管也放鬆了一些。

就這樣，「諜對諜」的生活，前後過了八十多天。

06

蓮花寺當小沙彌

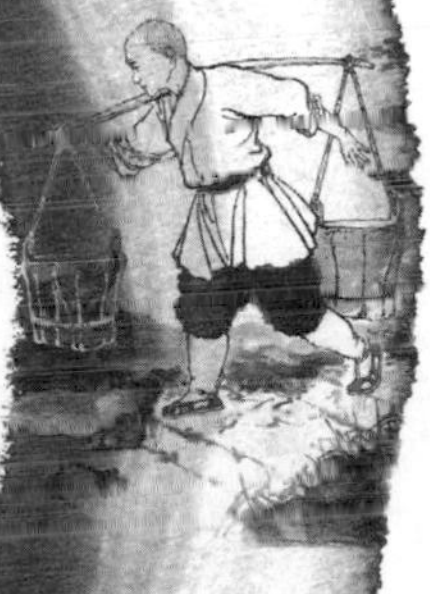

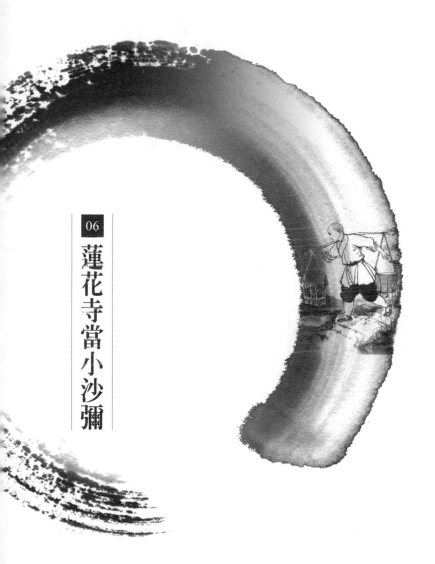

這一天，他的機會來了。

一大早，從龍大哥匆匆出遠門，要去探視一位親人。樊龍二哥呢？哦，天氣不錯，他在房子前面的大曬穀場上曬穀子，一群八哥鳥和麻雀在那兒偷吃稻穀，還有許多不知名的野鳥，以及自家養的雞、鴨，從各個角落發動偷襲，他可忙著呢！

良機不可錯過！此時不走，更待何時？印光匆匆潛進大哥的房裡，找到自己的那一套僧袍，同時順手再從櫃裡拿出兩百文錢做盤纏，偷偷從後門溜了。

匆匆奔走，日行夜宿，一刻也不敢停留，幾天後便回到蓮花洞，見了道純老師父。他怕大哥追來，向師父報告完畢，只睡一晚，天還沒破曉，就起床叩別師父，離開蓮花洞。

臨行時，老師父遞給他一塊銀圓，讓他做路費。他摸摸口袋，唉！從大哥偷來的兩百文錢，一路上買東西吃，已經用光啦！離開蓮花洞，究竟要到哪裡去，印光自己也不曉得。

道純老師父的意思是希望他能到安徽的小南海去參學，他沒有到過安徽，也不知道小南海在哪兒，只知道如果想出家，就得走得愈遠愈好，遠遠離開家鄉。只有避開家人的追蹤，才可能把塵緣做一個清爽地割捨。

下終南山，他一路往安徽的方向走。這是一條更艱苦的旅程，順著乾佑河向南行，過旬陽，越漢水，順著漢水西行到安康，再向南。呀！好遠的路。一路天寒地凍，草木枯槁，北風蕭蕭。有時行走一整天，連一戶人家都沒有看到，只好俯身啜飲路旁澗水止渴療飢，但那澗水往往已結成冰了。

那時，當地一般人民根本沒有看過銀圓，買東西用的是古代那種一串一串的古幣，眞正的大額買賣，用的是金元寶、銀元寶。師父給的這一塊銀圓，他好幾次走在路上，肚子餓了，想用銀圓買個饅頭充飢，人家都不收。

最後路過一家銀樓，店主人雖然還是不曉得什麼叫作銀圓，卻認得出這個大大的、白白亮亮的、圓圓的東西是純銀的。所以拿出天秤稱了稱，以純銀的價格，出了八百文把這一塊「圓圓的白銀」買下來，印光這才有飯吃。

經過一個叫作平利的小村鎮，終於出了陝西，進入湖北。

湖北和陝西交界處不遠，有一個美麗的小城，叫作竹溪。那裡有山有水，離目前名聞各地的「神農架」風景區沒有多遠。不過，神農架是這幾年才有名起來的，在一百多年前，一般的小老百姓連飯都吃不飽，哪還有心情賞風景呢？大山，在當時人們的心中，絕對沒有平平坦坦、可以種出好莊稼的田園好看的。

印光來到了竹溪，想到很久以來，曾聽說竹溪也有一座以蓮花爲名的寺院，叫作竹溪蓮花寺，於是一路打聽而去，最後終於找到了。

「阿彌陀佛！敢問師父，這裡離安徽的徽州小南海還有多少路程呢？」

「小南海？哎，可還遠得很呀！」

陝西和安徽兩省之間，北隔著一個河南，南隔著一個湖北。在大陸，一個省的面積往往大得讓人吃驚，走路，日夜不停地走，至少也要花好幾個月。未來的旅途，何其迢遙艱辛！而那一塊銀圓換來的八百文早已用光，印光只好做了一個決定，暫且先在這一座蓮花寺掛個單，留住一陣再說吧！

無論在家在庵，必須敬上和下，
忍人所不能忍，行人所不能行；
代人之勞，成人之美；
靜坐常思己過，閒談不論人非。

這是印光所說的一句話。雖然是他在寺中修行所說，但也相當適合一般人拿來當作座右銘。

這段話的意思是：做一個人，不管你是出家人，還是一般人，都要懂得一個道理：對比我們高的長者、父母、前輩、上級、老師，一定要尊敬；對比我們低的人，例如部屬、弟妹、學生……，一定要懷著親和之心，這就是「敬上和下」。

做人做事，免不了碰到不如意的事，我們得去容忍它，把一切的不如意都容忍下來，忍受別人沒有辦法忍受的苦，做別人沒有辦法做到的事。

只要你有能力，便去幫助別人，替別人多做一些，幫別人完成他們最想完

成的事。

沒事兒時，多想想自己的過失，想想看自己有沒有什麼做得不好的、做得不對的、做了不該做的事？寧可花很多的時間來想自己的過錯，也千萬不要在背後談人家的是是非非。在屁股後面說人家的是非，不但浪費時間，也會帶給自己更多的是非，太不划算了。

「敢問師父，您能容留我在這兒學習佛法嗎？」站在蓮花寺的三門前，印光謙卑地提出請求。

「可以是可以，但是你得依本寺規矩做事，才能收留。」

做什麼事呢？這座蓮花寺一共有四十多位僧眾，印光是新來的年輕小和尚，分配到的工作是替全寺所有僧眾挑水、煮開水、燒熱水、挑煤炭、打掃等。

這些事大部分都是印光從小就做慣了的，只要做好這些事，就能換得安身之處，能有飯吃，還能親近佛法，眞是太好了。他立即滿口答應，留了下來。

不過，比起以前在家，或是以前在終南山蓮花洞，住在這座竹溪蓮花寺裡，可還眞是辛苦萬分。

四十幾個人每天喝的、洗的、用的水，都得由他一桶一桶地從河裡打上岸，一擔一擔地挑回寺去。從早到晚，來來回回不停地打、不停地挑、不停地走，簡直有走不完的石階，挑不完的重擔。沒有幾天，他的肩膀就破皮了。水挑回去以後，還得一桶桶提起，注入水缸，然後把它燒開、燒熱，好累呀！

爲了省錢，寺裡使用的煤炭，是一種品質很差的低級品，裡頭混雜著大量的煤渣、石渣、泥團，要燒以前還得先把它們一一挑揀掉，不然根本燒不起火。太大塊的煤塊得敲成小塊，燒過的煤渣還得挑到更遠的空地去倒掉。每天從早忙到晚，從天還沒亮就一直工作到三更半夜。

「此是最苦之行單。」事隔多年，印光回憶起這一段日子：「以尚未受戒❶，能令住，已算慈悲了。」

意思是說：雖然他曾在蓮花洞學佛數月，但還來不及受戒就給大哥抓回家去，以一個還沒有受戒的人，能獲得像蓮花寺這麼有規模的佛寺收留，有飯吃，有地方住，讓他不致於流離失所，蓮花寺實在是很慈悲的了。縱使受一點

苦，也該常懷感恩之心啊！

敬上和下，忍人所不能忍，行人所不能行；代人之勞，成人之美；靜坐常思自己的過錯，閒談不論別人的是非。這就是他慢慢悟出來，而且努力學著去做的道理。

一面做很苦很苦的事，一面努力地潛習佛法、認識佛陀，對他來說，倒是件快樂事。

彌陀乃我心中之佛，我乃彌陀心中之眾生。

印光感覺到：阿彌陀佛離他愈來愈近，好像整天都留駐在他的心頭上。但他也很清楚地知道一件事，自己畢竟只是一個凡夫俗子，而且阿彌陀佛心繫芸芸眾生，他在阿彌陀佛的心中，當然是芸芸眾生裡渺小的一員。但就這小小的一員，也是萬分榮幸，萬分值得珍惜。

佛法如錢，在人善用。

印光家裡不是大富豪，至少有田地、有房子，吃穿不用愁，但爲了追求一分眞理，孑然一身逃家而去。向大哥偷了兩百文錢用光了，師父給他的一塊銀圓雖然很值錢，但當他來到一個沒有人認識銀圓的地方時，那枚銀圓也是一文不值的。最後送進銀樓，縱使是天天在金銀珠寶堆裡打滾的銀樓老闆，也只曉得評定它值得幾百文，只能用來換到幾個饅頭。

他靜靜地坐在佛堂裡的時候，想到了這麼一個道理：佛法無邊，佛力無遠弗屆，但人和佛的關係，正如人和錢的關係一樣，即使有再多的錢，如果不會善用，錢和一堆廢物又有什麼不同呢？

你不去了解佛法，或是心中只有一知半解，卻不知實踐，佛法再深奧美妙也幫不了你。

在蓮花寺做很辛苦的事，也很認眞地利用每一分鐘做工之外的時間去學佛。這樣的日子過得很愉快，學習也愈來愈有心得，愈學愈覺得佛法的博大精深。所以他說：

佛法大無不包，細無不舉。譬如一雨普潤，卉木同榮。修身齊家治國親民之道，無不具足。古今來文章蓋一時，功業喧宇宙者。與夫至孝仁人，千古景仰。人徒知其跡，而未究其本。

若詳考其來脈，則其精神志節，皆由學佛以培植之。

這一段話的意思是說：佛法很精深博大，大到沒有什麼不被包容在裡頭的，也精細到什麼事都蘊涵在裡頭。就如同下雨的時候，雨絲飄落在大地，不管什麼品種的花卉、什麼形狀的樹木，漂亮或不漂亮、名貴或便宜，統統受到一樣的滋潤。

不可以只看到別人寫了獨步一時的文章、立了喧騰宇宙的功業、有至仁至孝的德行而傾慕景仰，卻忘了去探究他們的所做所爲，事實上都是含蘊在佛法

之中。他們的千古德行，和佛法所推許、傳揚的，完全相同。唯有與佛法完全相通、相同，才是眞正足以流芳百世的德業！

❖註釋❖

❶受戒：指通過一定的儀式，接受佛陀所制定的戒法，也就是遵守教團所規定的行為。

07

庫頭師印光

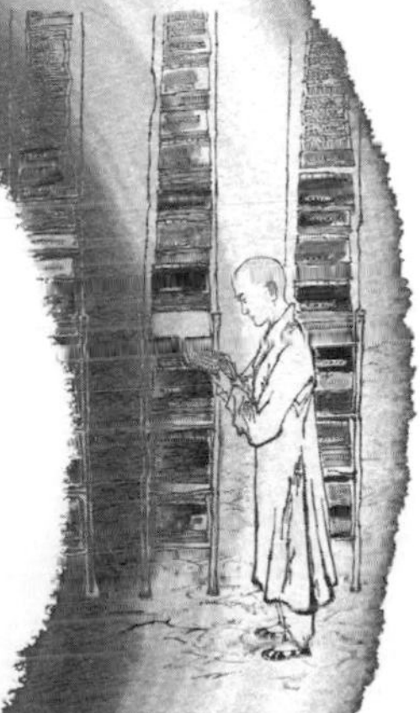

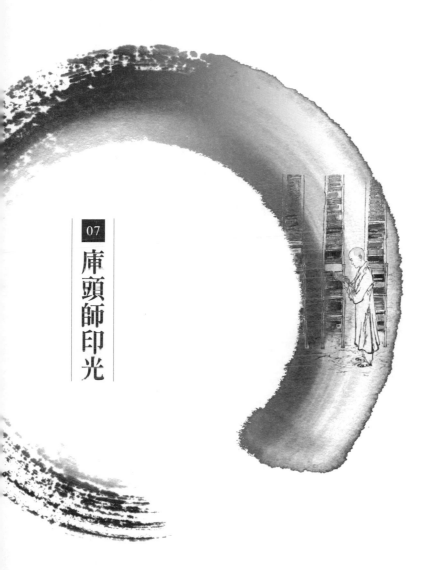

冬去春來，在蓮花寺一住數月，轉眼之間，冬雪融盡，春天來了。

由於印光一直都很認眞做該做的事、很認眞研習佛法，蓮花寺不但准他繼續住下來，並且上上下下都還很喜歡他這個樂意吃苦耐勞、滿肚子學問卻又待人謙和的小和尚，而樂於和他共處。

有一天，寺裡的「庫頭」（寺院裡管倉庫的人）生病了。蓮花寺的和尚們看他老實，便叫他代理。管倉庫的事很瑣碎，也容易出差錯，尤其容易讓人興起貪念之心。因爲整座倉庫裡的東西那麼多，只由你一個人管，在那麼窮的年代，實在教人不貪心也難。

印光接受了這個職務。當天晚上，他提起筆替自己寫了一幅「座右銘」：

楊岐燈盞明千古，寶壽生薑辣萬年。

這兩句話，大有來歷。

楊岐是一個人的名字，他有心學佛，日夜看經。晚上看經必須點燈，楊岐

一定自己買燈油。他認爲，自己晚上讀經是自己的事，雖然寺裡頭的燈油多得不得了，也不差他晚上多點這麼一盞，但看經畢竟是自己的事，怎麼可以使用寺裡公家使用的燈油呢？

寶壽也是一個人，是一位在洞山修行的禪師，又叫作自寶禪師。他在洞山修行時，擔任的是監院的職務。那時，他所屬的五祖師戒禪師會的創辦人五祖老師父，因爲患有風寒的病，必須用生薑和紅糖熬膏做藥。

五祖請人到庫房去拿紅糖和生薑，寶壽卻冷著臉告訴來人：「生薑、紅糖都是公物，不能給任何人私下拿去用。」

在寶壽心中，紅糖和生薑都是公物，公物必須公用才可以。雖然他很尊敬五祖老師父，五祖老師父也是禪師會中地位最高的人，但生病熬膏是個人的事，公私必須分明，他身爲監院，不能公私不分，只憑自己對五祖的尊敬就把公物拿來做人情。

五祖有沒有對這樣的冒犯大發脾氣呢？

事隔許久，後來洞山的住持離去，需要新聘一位住持，特別請五祖禪師推薦個好的接棒人，五祖二話不說，直接就表示：

「就推薦那個要我買生薑的人吧！因爲他眞的是公私分明呢！」寶壽禪師便陞起來當了住持。

這兩件事一時傳爲美談，也因而留下了「楊岐燈盞明千古，寶壽生薑辣萬年」的句子。

印光代理蓮花寺的庫頭職務，時時引這兩個典故來自我警惕。為了讓自己做一個乾乾淨淨的小和尚，就算庫房裡只有他一個人在工作，他仍然不敢做任何有違清白的事。

例如，他整理庫房裡的紅糖，紅糖的香味飄散在整座庫房裡，簡直讓人忍不住要流口水。整理好，手上難免沾了一些些，他也不敢用舌頭去舔一下，因爲那樣就有如「揩庫房的油」、「占公物的便宜」，他只敢用紙張擦擦手。

當庫頭不必再劈柴、挑水，工作卻一樣地忙。新增加的工作之一是曬經，只要天氣稍好，便得把寺院裡成千上萬冊的經書逐一拿出去曝曬。寺院潮濕，經書藏久了往往會發霉、腐爛、長蟲，必得小心翼翼逐一取出，用細毛撢拂去

灰塵，再放在中庭晾曬。

經書多而重，早上搬出、晚上搬進，一天曬一部分，後面的曬過，前面的又得重來，週而復始，工作永無止盡。曝曬的時候不得遠離，以免稍一分神，飛砂走石傷及經書；天色一變，更得立刻收拾，以免遭到雨淋。有的經書年代太久，翻閱太勤，斑駁脫線或是缺頁、破爛，更得一一細心修補，實在累人，但印光卻非常喜歡這一份工作。

印光之所以喜歡這個工作，是因爲他可以一面曝曬經書，一面閱覽經文。在暖暖的春陽之下曬經、看經，一本又一本的佛書，字字金玉良言，讓他覺得心身裡外一同感受到無邊的溫暖和舒坦。

說來這也是又一樁因緣。有一天他曬經時，看到了一本破破爛爛、連封面都沒有的經書：《龍舒淨土文》，他覺得很好奇，特別多看了兩眼。

這一本經書因年代久遠，殘破不堪，只能說是一本「殘本」，但裡頭的文字卻深深吸引住印光，他幾乎是被震懾住了。

這是一本傳述淨土宗法門的書。

中國佛教原來有許多宗派，例如：俱舍、成實、三論、唯識、眞言、天台、華嚴、禪、淨土等宗。但是從唐朝中葉以後，許多宗派都已失傳，禪宗和淨土宗逐漸成爲兩大主流。宋朝以後，一些佛家弟子提倡禪、淨融合，一直到明朝，這樣的呼聲更多。

印光信佛，本來也是禪、淨兩宗兼修，但是當他看到《龍舒淨土文》這一本書以後，心中受到極大的啓發。淨土宗一向提倡專心念佛，只要一心念佛，必能受到佛的庇佑，得到不可思議的功德。他忽然憶起小時候身體多病，靠著誠心念佛，超脫了身體的苦痛。他想，淨土宗所推崇的，應該就是他所追求的，這才是他的方向！

《龍舒淨土文》的內容精深，還好印光從小就認眞學習中國文學，飽讀詩書，再深奧的文字也能很快就融會貫通。他很快地讀通了這一本經書，而這一本經書也成爲影響他很大的書。

當「庫頭」的日子裡，還曾發生過一件有趣的事。

佛寺裡每一個殿堂的香燈師，按照規矩，每隔半個月要到庫房找他領香燭、燈油。

有一天，大家一塊兒過來了，印光依照往例，上樓替他們取香燭。結果，他一上樓沒多久，大家忽然聽到「轟啦！」一聲，從樓上傳來。巨響之後是一片塵土紛飛，好像是什麼東西被弄翻了。

「庫頭師，庫頭師，你怎麼啦？」大伙兒在樓下大喊：「你把什麼東西弄翻啦？」

久久樓上部沒有任何回應，大家覺得奇怪，於是一齊上樓看個究竟。一上樓，哇！不得了，印光竟然倒在樓板上不省人事了。

整個閣樓上熱得有如大蒸籠，大家趕快把印光抬下樓，一面活動他的手、腳，一面用冷水潑他的臉，搞了老半天，才把他弄醒過來。

到底發生什麼事了呢？

原來這座蓮花寺，建築格局小，窗子也蓋得小小的，而當時是六月天，太陽一曬，小小的閣樓既悶且熱。印光是北方人，本來就不習慣酷熱天，平時住在樓下已經熱得要虛脫了，現在再上一層樓，進了那個「蒸籠」，體力完全不

支，竟然暈倒了。也幸好即時被人家搶救回來，要不然，佛還沒學好，就先一命嗚乎，豈不冤枉？

08

念佛治眼疾

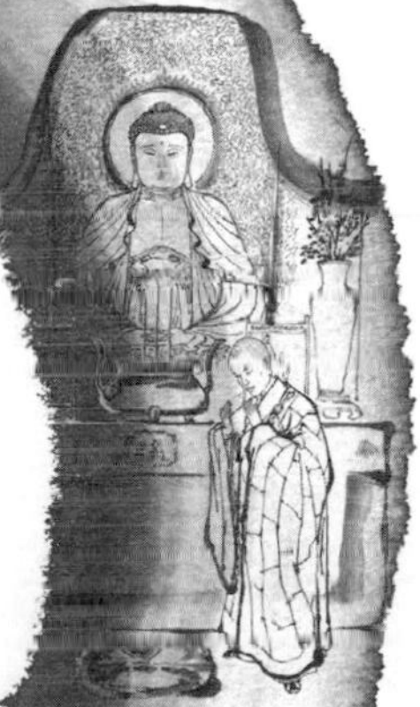

印光雖已出家，卻遲遲還沒有受戒。有一天，從陝西來了一位和尚，他是陝西興安雙溪寺印海律師派來的，主要是爲印海大師尋找傳戒❶對象。

這位法師一到蓮花寺，便聽說蓮花寺裡的庫頭師是一位飽讀詩書的讀書人，會作詩，寫得一手好字。而且年紀雖輕，卻很有修養，便特地找他談。兩人一見如故，談得相當投緣。這位法師請他一道回雙溪寺受戒，印光欣然答應，當天便跟著法師一塊離開了蓮花寺。

爲印光主持戒禮的印海律師，德行高深，所傳的戒叫作「具足戒」❷，指出家人所有應該接受的戒律，是一種很辛苦、必須要有非常大的意志力才能接受的戒律。

印海大師對印光的印象很好，除了勉勵他要虛心學習，謹守一切戒律，還特別多派了一件額外的事給印光。他要印光在受戒禮的戒期中，負責書寫所有的文書。

抄抄寫寫對一個讀書人來說，本來並不是什麼難事，但印光在出生六個月時得了嚴重的眼疾，差點使他成了盲人，後來雖然治好，卻一直不能久看。

看什麼東西稍微久一點的話，眼睛裡頭就會充血，紅得像辣椒，疼痛得也像是眼睛裡被塞進了辣椒。

師父要他寫字、抄書，他當然遵辦，而且引以爲榮。只是眼睛的毛病實在眞麻煩，有時剛剛磨好墨，只寫不到半頁，就痛得眼淚橫流，兩眼一片模糊，根本沒辦法再寫下去。

能夠一次抄寫一頁就算難得，大部分的時候都是一次半頁，等眼睛不痛了再繼續下去。但如此一來，抄書寫檔案文件的時間便要拖得很長，從晚上十點開始寫的話，寫寫停停、停停寫寫，搞到晨雞報曉，天都亮了，才能勉強寫個十幾、二十頁。

晚上連夜寫字，白天沒精神不打緊，不能睡覺更加加重了眼睛的疼痛才最糟糕。

這時，印光想到了少年時代生病的往事：那時，他一天到晚生這個病、生那個病，每次病得奄奄一息或是疼痛得叫天叫地，最後都用一種方法克服病痛，那就是——念佛。他現在便誠心誠意地用念佛來解決他的眼疾。

他利用生活中每一個片片斷斷的時刻，包括磨墨的時候、提筆的時候，夜闌人靜，所有的師兄、師弟統統入夢了，他仍坐在書桌前持續念佛。

念佛竟然這麼地不可思議，他的雙眼雖然依舊疼痛，但漸漸地，在一盞如豆青燈下，卻已經有辦法可以提筆書寫；晚上睡得少，白天接受戒律規範，也依然精神百倍，沒有打過瞌睡。

前面我們介紹過一段印光所說的話，現在讓我們再回想一遍：

若病苦至劇，不能忍受者，當於朝暮念佛迴向外，專心致志，念南無觀世音菩薩。觀音現身塵剎，尋聲救苦。人當危急之際，若能持誦禮拜，無不隨感而應，即垂慈佑，令脫苦惱而獲安樂也。

印光一共活了八十歲之久，其中出家的日子達六十年。在這六十年之中，他一再地向人宣傳念佛的好處，苦口婆心到處宣傳。念佛眞有那麼好嗎？這是

他根據自己的親身經驗來講的。

我們在這兒先講一個故事吧！

距離印光在雙溪受戒的幾十年後，清朝帝國滅亡了，已是民國時代了。那一年，中國和日本發生戰爭，日本軍向上海發動猛烈轟擊，這個故事就發生在此時。

由於大戰激烈，上海閘北一帶的高樓大廈，幾乎統統被轟成平地。但是，就在一片斷垣、灰燼中，獨有一棟小屋完好如初。

這棟小屋住著一位名叫夏馨培的人和他的全家。夏先生在報社服務好幾十年了，夫婦倆都是虔誠的佛教徒，因爲不忍殺生，一年到頭都吃素，也天天念佛。

當日本軍隊對上海發動炮轟的時候，夏馨培因職務在身，無法逃離，但他並無恐懼心，率領全家人躲在房子裡誠心念佛。

兩天後，左鄰右舍，包括夏先生服務的報社都已逃散撤走，夏家卻被困住了，沒有車、沒有幫手，連馬路都千瘡百孔，寸步難行。

屋外炮聲如雷，炸彈呼嘯，震得門窗破裂，臭臭的硝煙味、房屋燒焦味、甚至血腥的腥味，瀰漫在每一寸土地上。整個閘北地區有如死城，只有夏家，全家跪地念佛，就像狂風暴雨裡的一座明亮、安全的小島。

那一帶所有的建築物，無一不被炸垮、轟坍了，夏家竟連一片瓦都沒有被掀掉。日軍轟炸了七天七夜，後來國軍的第十九路軍攻進閘北，在一片斷垣殘壁中，發現了這一座安然無恙的小屋，看到夏家一家人，簡直嚇了一大跳。

軍方把夏馨培一家救出死城，送往後方保護。一直到一年半以後，戰事稍停，夏馨培和家人回到閘北，看到自己的小屋依然完整如初！

這位夏先生，是印光大師的一位皈依弟子。

印光大師在後來告訴人家這一奇蹟時說：「夏家所以有這麼大的福分，是知觀音菩薩，大慈大悲，遇有災難，一稱聖號，定蒙救護也。」

因爲夏家向觀音菩薩祈求，當然觀音菩薩就來向他們施以救援了。

或曰：世人千萬，災難頻生。觀音菩薩，僅是一人，何能一時各隨其人

而救護之耶？

即能救護，亦不勝其勞矣。

有人說，觀音菩薩只有一位，可是世界上有千千萬萬人，受到的苦痛、急難也有千千萬萬種，他怎麼有辦法一一去拯救呢？豈不忙壞了？

關於這一點疑問，印光大師的解釋是，大家不必想這麼多啦！想這麼多，徒勞無益。其實，這並不是觀音菩薩到處去救這個、救那個，而是每一個人心中的觀音，出來救他們自己的。觀音菩薩不是在寺院裡頭，也不是在西方極樂世界裡，而是永遠常住在每一個人的心裡，只是被許多人遺忘了而已！

心之本體，如一張白紙。心之作用之善惡因果，如畫佛畫地獄，各隨心現。

其本體雖同，其造詣迥異。

每一個人的心裡，真有一尊觀音菩薩存在嗎？

印光認爲：一個人的心，就和一張白紙一樣，心想什麼，就有什麼。你想你的心裡是恐怖的煉獄，心便是煉獄；你想你是一個清澄、純潔的人，你的心便會逐漸清地清澄起來，變得和湖水一樣地清澄、純潔，不必懷疑。

念佛眞有如此神奇嗎？每一個人都可以靠著念佛，得到「化險爲夷」、「消災解厄」嗎？

印光提醒大家：念佛雖然能帶來不可思議的好處，但念佛要有方法。他特別提醒一個重要的關鍵：

> 念佛雖能滅宿業，然須生大慚愧，生大怖畏，轉眾生之損人利己心，行菩薩之普利眾生行。
>
> 則若宿業，若現業，皆仗此大菩提心中之佛號光明，為之消滅淨盡也。

這句話的意思是：雖然念佛有很多的好處，能讓人消災解厄，但念佛可不是隨隨便便念一念就算了，得在心裡有一個準備。

怎麼準備呢？念佛的時候，心裡頭要想著佛，想到佛，會想起平常所做的許許多多不對的事，內心會感到慚愧，會對自己做了那麼多的錯產生羞恥，對自己不知不覺犯了那麼多的錯感到害怕，感到不知如何去彌補才好。

心中有慚愧、有害怕，才會想到菩薩的大慈大悲，才會慢慢地把自己常常有的損人利己的心改掉，試著去學習菩薩那種一心為眾生設想、一心想到要幫助眾生、拯救眾生苦難的作法。

當你有了丟棄自己自私自利的心，而具有學習菩薩的心的認識及準備的時候，你在念佛時，佛才會和你同在，傾聽你的話語，消解你的罪過。

這時，不管是前世犯下的罪過，或是今生犯下的罪過，才都能夠一併消除得乾乾淨淨。

印光大師講過很多有學問的話，並不只是教人學佛、念佛。例如，他就曾經說過這一句值得每一個人都寫下來，放在書桌前當作座右銘的名言：

兩燈互照，愈見光明。兩手互洗，方得清淨。

這一句話只有十六個字，卻蘊涵了無限的道理。

他告訴我們，人是互助的動物，要你幫助我、我幫助你，才會更好。

兩個人時，你幫我、我幫你，三個人、五個人、一群人、整個國家、整個社會都應該如此，大家互相地幫助。

你當時幫助的或許只是一個人，所能提供給人家的幫助或許很小，小得微不足道，可是大家一齊來，合起來的幫助卻會大得驚人。有一天你需要幫助的時候，你就會發現，那些來自四面八方的援手，力量是多麼地大！這就是一個互利、利他的哲學。

兩盞燈擺在一塊兒，會提供兩倍的光明；不擺在一塊兒的話，或許微弱得什麼都看不見，有燈等於沒有燈。

洗手該怎麼洗誰都知道，假使有一天，你的左手和你的右手忽然吵起架來變成「仇人」，你想想看那會是什麼樣子？兩手骯髒，左手不幫右手洗，右手

不幫左手洗，該怎麼去洗？

像這位夏罄培先生的故事，百分之一百是個事實，但就是那麼不可思議，除了說是觀音菩薩保佑，眞不知如何來解釋了。而這樣的故事，竟是多得舉不勝舉。

印光在印海大師嚴格的傳戒禮中，完成了「具足戒」。受戒期滿，他疼痛的兩眼，竟然也不藥而癒。回想受戒期間，每個晚上在佛前、燈下紅著兩眼抄寫文書，眼睛每天都脹得像核桃、紅得像辣椒，痛得像天天被成百隻蜜蜂叮咬，種種苦痛卻在一夜之間完全消失。印光覺得，這眞是佛法無邊啊！

受完具足戒之後，印光感到一身輕鬆，一身愉快。

他離開雙溪寺往西走，回到了最初出家的終南山。但他並沒有回南五台的蓮花洞，因爲他不願意被家人再找回去，而直接上了終南山的最高點太乙峰，在太乙峰上的一座寺院中「半隱居」起來。

寺
溪

太乙峰山高路遠，人少環境單純，正好修行。印光在這兒大有「如魚得水」的感覺，每天念佛、學佛，研讀經典佛書，內心一點點雜念也沒有，快樂極了。

在太乙峰一住整整四年，轉眼間，他已是二十六歲的青年了。他一心一意學的是佛教裡的「淨土宗」。在這四年之中，他愈學愈覺得自己的選擇是正確的。

這一段日子裡，他也聽到了淨土宗大師徹悟禪師的故事。徹悟禪師是淨土宗第十二代祖師，一般人都尊稱他爲夢東老人，長年都在北京紅螺山一座名叫資福寺的道場弘法。

雖然徹祖已經圓寂多年，但資福寺留有他的著作、遺蹟甚多。印光對這位大師仰慕不已，便在終南山住滿四年後，在第四年的十月十四日那天下了太乙峰，投奔北京資福寺去。

他一生之中，便一直以徹悟禪師做爲他的學習對象，把徹祖的語錄當作學習的寶典，到老都抱在身邊，時時研讀。

❖ 註釋 ❖

❶ 傳戒：把戒律傳授給出家人或在家人的儀式。

❷ 具足戒：為比丘、比丘尼當受的戒，比丘二百五十戒，比丘尼三百四十八戒。

09

繼盧行者

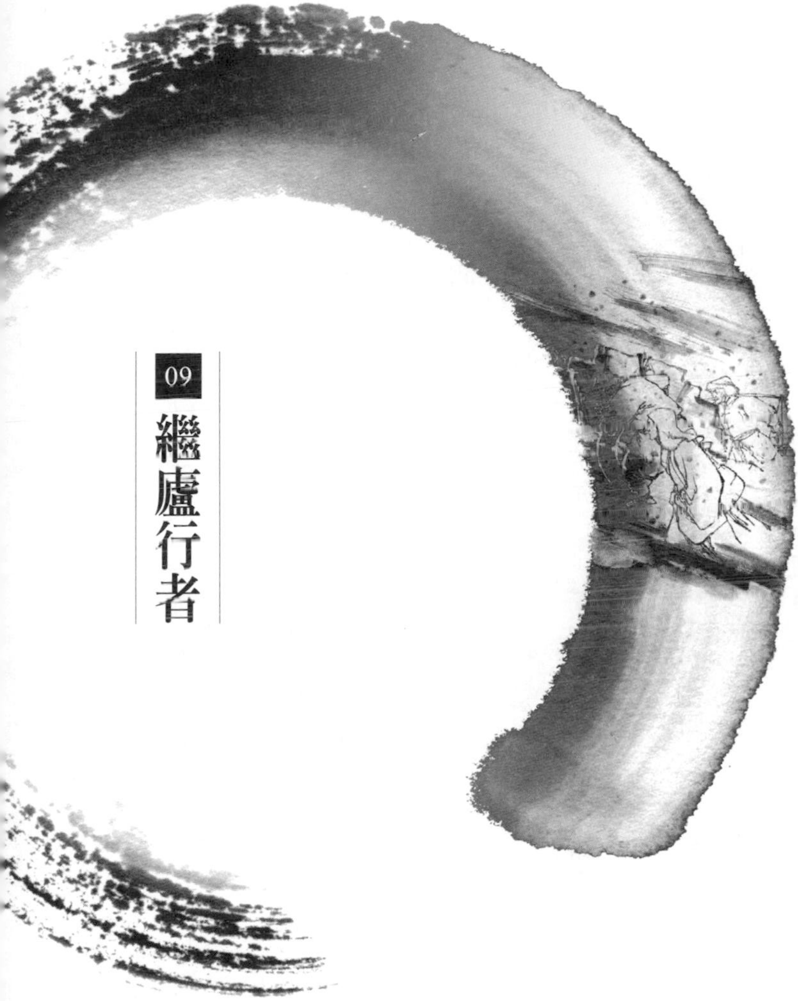

從二十六歲起，印光就一直在紅螺山的資福寺專修淨土宗法門。他在這兒住了四年，還替自己取了一個外號，叫作「繼廬行者」。

爲什麼叫作繼廬行者呢？因爲東晉時，在廬山東林寺有一位慧遠法師，一生也是以倡導淨土宗爲志向，弘法有成。印光希望拿他作榜樣，繼承廬山弘法大業。

資福寺發現他的學問淵博、做事認眞、一絲不苟，先後請他擔任上客堂❶、香燈❷、寮元❸等職務，他一一接受，並且都把這些工作做得很好。

四年裡，他幾乎看遍資福寺所珍藏的每一部經書，好像一條魚游進了大海，見識大增。

同時，他還特別找到機會，到中國的佛教聖地——五台山，朝山禮佛，淬鍊自己的毅力、耐力和虔誠的信仰。

紅螺山一住四年，他對淨土宗有更進一步的體驗，也已經是一位受到很多人尊敬的青年法師了。但他對自己卻始終戒愼戒懼，時時提醒自己：我只是一個學習者，我還要多多地向智慧的眾生學習，向智慧的師兄們學習，向佛

學習。

北京名剎古寺很多，他覺得自己應該多參訪，正好有一座龍泉寺的「行堂」出缺，他便興沖沖地前往龍泉寺當行堂去。行堂就是在佛寺裡負責替大家打飯、端菜的工作。以他當時的身分、學養、資歷和輩分來說，他是不應該再做這樣的工作才對，但是他卻做得很愉快。

從那年的四月一直幫人打飯、送菜，整整做了半年。十月時，天氣開始變涼，他決定利用這個冷酷的嚴冬，到中國的最北方——東北地方，去接受一下另外一種不一樣的考驗。

東北的冬天，不是生長在南國的我們所能想像的。所謂「白山黑水」，白山指的是長白山，黑水指的是黑龍江。長白山的山頂，連炎炎夏日都照樣積雪，更何況是冬天了。

印光卻認爲，只要有眾生的地方，當然就有佛在那兒。他一定要去那兒，和住在那裡的人民共同生活，也要去參訪在那麼酷寒的土地上修行的法師們。

他帶著一個缽，和一小包簡單的行李，隻身行走在冰雪紛飛的東北。

狂風暴雪，有時連路都被封了，大地一片白茫茫，前後左右都無法分辨。一場雪下來，往往積了好幾十公分厚，在雪中跋涉，提起左腳，就陷進右腳；提起右腳，左腳又陷進雪堆裡去了，眞眞叫作寸步難行啊！而刺骨的寒風，從單薄的僧袍鑽進來，冷徹心扉，就像銳利的尖刀凌割著自己的身體。

他在冰雪風霜中飽受苦難和折磨，但他卻沒有忘掉他身邊的一切。

在他的身邊，有時是一位挑著重擔的趕路老人，有時是兩位喘著氣推著重車的莊稼漢；還有跟著父母出門做事，凍得小臉紅通通，鼻涕都結冰的小孩子。印光每當和他們擦身而過，心中總生起無限的悲憫和慚愧。

「我，只是兩隻腳，頂著一個身體，竟然就如此不堪。看看這兒辛辛苦苦過日子的百姓眾生吧，我眞是慚愧呀！」

在風雪交加的土地上，有時走了一整天還看不到一戶人家。一旦看到了，那種有如蒼茫大海中看到陸地、有如迤邐萬里的沙漠中看到一片綠洲的感受，更深深觸動他內心最深處，帶給他有生以來最強烈的衝擊。

一碗熱騰騰的稀飯，一杯溫水，一個燃燒著熊熊火焰的坑和烤盆，在這樣的冰雪人地中，眞比山珍海味、皇宮華宇還來得珍貴。

他從這一個小村前往那一個小村，從這一戶人家趕往另一戶人家，從這一座寺院前往另一座，一直到第二年開春以後，才回到北京。東北的苦寒，人民生活的清儉，僧眾在惡劣環境下的苦修，樣樣都帶給他深刻的印象。

回到北京後，他改住圓廣寺，一住又是兩年。

三十二歲時，有一位在浙江普陀山法雨寺修行的佛教大師化聞老和尚，因公到北京，聽說圓廣寺裡的印光法師是一位很了不起的修行者，特地轉來和他見面。一見了面，發現果眞是名不虛傳，於是在要返回浙江時，特地邀請印光同行。就因了這樣的機緣，印光法師從北京來到了普陀山。

化聞老和尚對印光法師讚歎有加，請他擔任法雨寺藏經樓的「首座和尚」❹，管理全寺的藏經。印光最喜歡的事就是一心禮佛、研讀佛書，法雨寺的藏經樓又成了他一個悠遊法雨的大海！

埋首書海裡的印光，簡直忘了今年是哪一年。

一住又是五年，這時，他已經三十七歲了。

這一年，因法雨寺的寺眾們一再要求他講經，他怎麼推都推不掉，不得已只得接受，講了《彌陀便蒙鈔》。講完後，雖然引起很大的回響，有欲罷不能之勢，但他卻自認爲所學的學問還太淺、太少，所以一講完就在法雨寺內的一座珠寶殿旁的一間小房間裡閉關修行，謝絕一切的邀約和打擾。

閉關是佛教修行者中一個很重大的自我考驗。閉關有很多的規矩，但簡單說來，就是把自己囚禁在一個小小的地方，從早到晚都不出門一步，只吃一點點由外人送進來的最簡單的東西，每天靜心學佛以求悟道。

印光在那間小小的房子裡閉關，前後兩期，每期三年，一共是六年。

後來，他就在這座法雨寺裡住了下來，前後住了二十多年，才再換地方，住到上海的太平寺。但那時印光的名氣已經很大，整天都有人到太平寺來要求見他、訪問他，把他嚇壞了。沒多久他便又換地方，改住蘇州報國寺，後來遷到靈巖寺。這時，他已經有七十多歲了。而腐敗不堪的滿清政府也早已垮台，變成民國時代了。

印光大師的晚年，大部分都住在靈巖寺裡，一直到民國二十九年農曆十一月初四那天圓寂。

❖註釋❖

❶上客堂：提供各地行腳參學的出家人暫時居住的地方。

❷香燈：寺院中負責佛堂焚香與燃燈的出家人。

❸寮元：佛寺中負責主管上客堂中各種事務的出家人。

❹首座和尚：指位居大眾之首位，其儀表可成為大眾典範的出家人。

10

弘化濟世

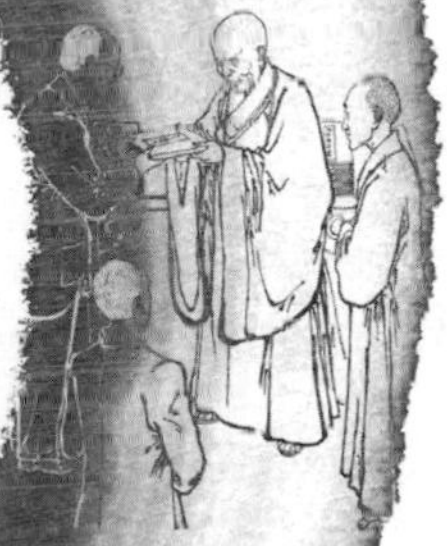

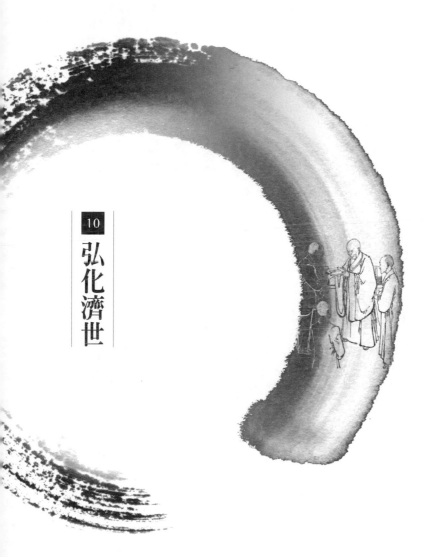

印光大師生平最不喜歡的就是虛名、浮華，而喜歡遠離人群，靜靜地過著簡樸的生活，研修佛法。也因此，雖然他的學識高精、人格崇偉，但早年眞正看過他、聽過他講經或研讀過他的文章的人並不多。

民國元年，也就是清政府滅亡那一年，印光大師正在法雨寺修行。有一位高鶴年先生，仰慕大師盛德，專程前往拜會，並且一再要求能把大師的三篇文章拿去發表，大師原來並不同意，禁不起高居士一求再求，最後勉強同意了，但有一個條件是：絕不要用「印光」的名字發表。

高鶴年居士想了半天，最後想到印光大師常常自稱是「常慚愧僧」，於是就用「常慚」作筆名，把文章發表了。

這三篇文章掀起了一場熱烈的研讀風潮，可說轟動一時。「常慚」是誰，成了全國青年學子和學佛的人猜不透的謎中人物。

再過六年（民國七年，西元一九一八年），另一位徐蔚如居士也說服了印光大師，把大師的三本著作結集出版。第二年，再蒐得大師二十多篇文章，以《印光大師文鈔》作書名出版。許多人這時才曉得：原來「常慚」就是印

光大師！

這以後，印光大師的文章陸續由商務印書館、揚州藏經院、中華書局等出版社印行全國，風靡一時。許多研習佛法的人讚歎不已地說：「這是三百年來難得一見的書！」有數不盡的人因看了他的著作而興起皈依佛門的心，連在監獄中服刑的受刑人，都有捧讀大師的著作而感動得落淚。

由於高鶴年居士、徐蔚如居士等人的推廣機緣，使得印光大師的著作得以普及天下，春風化雨。

事實上，儘管印光大師不喜與人交際，但他的內心最深處卻一直都是熱情澎湃地關心著天下蒼生的。例如，他就經常到全國各地的監獄，向受刑人講經，每每講得監獄的獄官和受刑人同聲落淚，一同立誓終身吃素，不知感動了多少「天涯浪子」。

民國十九年的時候，印光大師又做了一件重要的事：他把歷年留下來幾百種著作的「版」和幾萬冊經書，完全贈給一位明道法師，在上海創立了一個「弘化社」。

弘化社

弘化社成立以後，每天人來人往，川流不息。有的人是來索取佛書的，有的人是來捐錢印佛書的，有的人則是來研究、討論佛書的內容的。這個地方成了中國當時最重要的一個佛書集散和流涌的中心！

佛教的淨土宗，第九代祖師曾經著有《淨土十要》，可以說是淨土宗一部極其重要的經典。但九祖圓寂以後，這部經典經過門人刪刪改改，有很多地方已有所改變，和原意大不相同了。印光大師曾多次閉關，在閉關時精心閱覽《淨土十要》，並仔細評註，後來增編了《淨土五經》❶，成為淨土宗承先啓後最重要的經典。

後人一直把印光大師尊為淨土宗第十三代祖師，以他對佛教的種種貢獻，眞可說是當之無愧。

對於救苦濟難的事，他也是默默地做、熱心地做。例如，民國十五年時，長安受到天災，當時大師正好有一筆印行《文鈔》的現款，立刻送了三千圓去救濟災民。民國二十四年，陝西發生旱災，農作物枯死光光，老百姓沒飯吃，那時候印光大師住在報國寺，聽到那兒的悲慘情形，也馬上叫人匯一千圓去賑濟。

匯走一千圓以後，存摺裡只剩幾百塊錢，而報國寺裡有多少僧尼、多少必須開支的花費，可還一點著落都沒有呢！印光大師卻安慰大家說：「災民已好多天沒有飯吃了，而我們這兒至少還可以吃好多天的飯，當然應該先幫幫他們。」

民國二十五年，印光大師已經七十六歲了，他到上海主持一場護國息災法會，忽然聽說綏遠也發生災難，便在法會中昭告台下善男信女，一場法會共有一千多人當場皈依佛門。捐奉要供養大師的錢有兩千九百多圓，大師將這些錢，再加上自己所有的一千圓，統統送去綏遠做救災之用。

他從年輕一直到年老，沒有財產，身上也難得有幾百圓、幾十圓，但對於別人的疾苦災難，那種「人溺己溺，人飢己飢」的情懷，卻始終常存於心。

有些事，對印光大師來說，是常存在心裡，時時也沒有忘卻過。但有些事，他似乎一秒鐘也不想讓它們留在心頭，例如總統送他匾額一事便是如此。

在民國十一年時，浙江定海縣的知事陶在東先生，和會稽道尹黃涵之先生，把大師的許許多多偉大事蹟撰寫成一篇報告，呈報給總統；總統就頒了一塊匾額，題著「悟徹圓明」四個字，隆重萬分地請專人送到普陀山贈送給大師，以表彰他的德行。

不料，大隊人馬上了山，印光大師卻避而不見，大家只好把匾額留下。過了好多年，連匾額的下落都沒有人注意了。

一直到很多年以後，有人向印光大師問起這塊匾額的事，大師說：「什麼叫作『悟徹圓明』呀？我悟了半輩子，都還沒有悟出什麼，哪還敢說是達到了圓明的境界呢？他們眞眞是瞎造謠言，送我那樣的匾額，只不過增加我的慚愧罷了！」

簡簡單單、平平凡凡地過日子，在印光大師的心中，遠比總統的匾額可愛、可貴多了。

❖ 註釋 ❖

❶ 淨土五經：即淨土三經《佛說阿彌陀經》、《佛說觀無量壽佛經》、《佛說大乘無量壽莊嚴清淨平等覺經》，再加上《楞嚴經》中的〈大勢至菩薩念佛圓通章〉及《華嚴經》中的〈普賢菩薩行願品〉之合稱。

11 與弘一大師的因緣

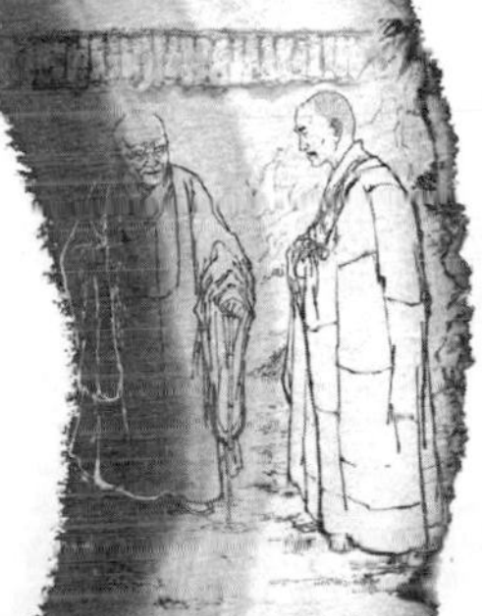

在中國近代非常知名的文學家、音樂家，也是一位得道高僧——李叔同先生，和印光大師也有過一段奇妙的因緣。

李叔同先生很早就聽說過印光大師的名號，對大師的學養、風範，更是景仰有加。

民國元年以後，當高鶴年、徐蔚如兩位居士先後把印光大師的佛學論著付印出版，李叔同那時已經出家，法號弘一。他看了印光大師的作品，便寫出一篇文章，做爲讀後感和介紹文。

這篇文章一共才一百多字，但是用字精美、文情並茂，連印光大師本人都非常地珍視，兩位大師因而結下深厚的交情。文章全篇如下：

> 是阿伽陀，以療群疚。契理契機，十方宏覆。
>
> 普願見聞，歡喜信受。聯華萼於西池，等無量之光壽。
>
> 庚申暮春，印光老人文鈔鐫板。建東、雲雷，囑致弁辭。余於老人向未奉承，然嘗服膺高軌，冥契淵致。老人之文，如日月歷天，普燭群品。寧俟

鄙倍，量斯匡廓。比復敦促，未可默已。輒綴短思，隨喜歌頌。若夫翔繹之美，當復俟諸耆哲。大慈後學弘一釋演音稽首敬記。

這篇文章的內容，有讚歎印光大師提倡持名念佛契理契機，有表彰大師中興淨土圓成勝願，有頌揚印光大師之文遍被緇素四眾，也同時提到了弘一大師自己和印光大師的相識相知。

李叔同先生，也就是弘一大師，在出家之後曾多次和印光大師書信往返，印光大師對他諄諄引導。

弘一大師爲了堅定自己對佛的信仰，曾用自己的鮮血來寫經書，印光大師特別寫信告訴他：雖然這是一件至高無上的作爲，但無論如何，一定不要用功過度，以免出血過多，造成「血耗神衰」。

後來，弘一大師刺血寫經寫了一年多，果然因身體虛耗過度而致病，血書佛經的壯舉只得中止。印光大師趕快再安慰他：只要誠心念佛，中止壯舉並無所憾，同樣完成功德。

從民國十年起，弘一大師即一而再、再而三地寫信給印光大師，要求印光大師收他爲弟子，但整整兩年之後，印光大師才點頭答應。民國十三年六月，弘一籌得一筆旅費，立即從溫州起程，前往普陀山參禮印光大師，舉行拜師儀式。

弘一大師拜師後，和印光大師一同住了七天，對大師的一切言行舉止，一一默記學習，成爲他一輩子永遠追隨的典範。

弘一大師以印光大師作榜樣，後來也成爲一代高僧。他和印光大師一樣受到佛門一致推崇的「四大盛德」是：

第一：不求名譽。

第二：不蓄財物。

第三：不蓄繼眾。

第四：不任住持。

四個作法說來簡單，就是不喜別人表彰自己，只求自己好好去做。不積蓄自己的財物，不要有私人的財產。不替人剃度，不收出家弟子，也不擔任寺

主，不管是誰的邀請，也不管是多麼有規模、有歷史的佛寺，都不去出任寺主。像他們這樣廣受欽敬的大師，能夠一生堅持，說來眞是多麼難得！

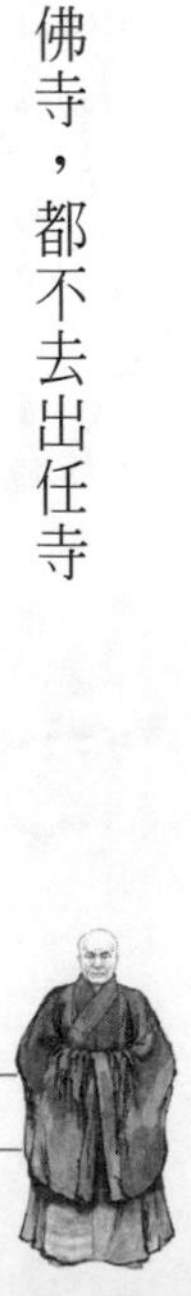

12

流傳後世的小故事

印光一生出家整整六十年。六十年，是相當長的日子。在那六十年裡，他做了很多事，同時也留下許多爲人傳頌的小故事，和發人深思、充滿智慧的話。

「我叫作二絕子。」印光常常這麼說自己。

爲什麼叫作二絕子呢？

前面我們說過，他是從家裡偷偷跑掉，到寺裡出家的。他的家裡有父親、母親、大哥從龍、二哥樊龍等人。他從老家一口氣跑到終南山，只住一晚便匆匆而去，從那以後，他再也沒有回到他的家了。

其實，在那幾年之後，就算他想回家，也沒有家可以回去，因爲家也沒了。

他逃出家門以後，過了十一年，住在北京的圓廣寺裡，正好有一位「小同鄉」到寺參訪，準備過幾天就要回郃陽老家。印光在他臨行時，提筆寫了一封家書，託他帶回老家去。這位小同鄉欣然答應，但這封信根本沒有寄到。

因爲那位小同鄉也是在外多年，當他回到家鄉時，才曉得印光一家人都已

過世了。

寄信之後又整整隔了三十三年，到民國十三年的時候，印光改住浙江普陀山，家鄉又來了一位客人，那是他的一位外甥。印光問他，老家現在怎麼了？家人可好？外甥說：「你的家已空無一人，不但父母雙雙去世，連兩個哥哥也先後作古了。」

「哦……。」印光閉上眼，陷入了深思，但沒有說什麼。

家門絕了後，算是一絕。

還有一絕呢？是他雖然出家，並且成爲各方敬重的一位大師，但他從不收徒弟、不替人剃度，所以沒有傳下門人，也是一「絕」，這便是「二絕子」的由來。

家門斷絕，會不會使印光感到痛苦、悲傷呢？

印光在他七十一歲時，曾告訴一位朋友說：「他家絕了後，其實是一件很幸運的事。

「因爲從此以後，保證不會有一個趙家子弟會做出對不起祖先的事了。趙家的列祖列宗，祖德永流，不虞辱沒，從此大可放心了！」

世俗的眼光，或許會認爲絕子絕孫是一件悲涼的事，印光顯然不以爲悲。他的胸懷，早已超脫了斤斤計較於小小一個家族，小小一個自我！

✽　✽　✽

光緒十八年（西元一八九二年），也就是他在三十二歲提筆爲家人寫信的那一年，有一天他和圓廣寺裡的一位和尚一同到北京西直門外散步，走啊走著，前面忽然來了一個小乞丐，伸手向他們乞討。

印光仔細的看這個乞丐，年齡大約十五、六歲吧，長得還算端正。

「大師父，請你們可憐可憐我，我已經好幾天沒有吃東西了。」小乞丐說得怪可憐的。

「你向我要錢可以，不過有一個條件。」印光說。

「大師父有什麼條件呢？」

「你念一句佛號，我才給你錢。」

「可我不會念佛號。」

「不會念不要緊，就跟著我念：南無阿彌陀佛！」

「……」小乞丐不念。

「你念啊！念一句南無阿彌陀佛，我一定給你一文錢。」

「……」小乞丐還是不念。

「你嫌錢少是不是？你念十句佛號，我給你十文錢，好嗎？」

小乞丐把嘴閉得緊緊的。

印光看他這個樣子，乾脆把懷裡的錢包掏出來，仔細地算了算，一共有四百多文錢。算完，和顏悅色地告訴小乞丐：「小施主，這樣吧！你念一聲阿彌陀佛，我就給你一文錢，你一直念下去，我就一直把錢算給你，給到我這個小包包光了爲止，好嗎？」

小乞丐露出想要又不敢要、想念又不肯念的眼神，不斷地掙扎著。

「南無阿彌陀佛。」印光苦口婆心地引導他念，和他一塊兒出來散步的師兄也同樣輕輕地念，想打開小乞丐緊鎖著的心靈。但是，一秒鐘、兩秒鐘，一分鐘、兩分鐘，時間流逝，小乞丐不念就是不念。

三人站在路旁，互相對看著。

小乞丐的兩個眼睛瞪視著印光，而印光則柔和地回看著他。

少年的眼裡有倔強、有怨恨，有根本沒有必要存在，種種奇怪的情緒。而印光的眼裡，則有著無限的溫和、無限的期待和鼓勵。

可是，小乞丐還是不念佛。

不知過了多久，到了最後，忽然間，小乞丐「哇！」的一聲，大聲痛哭起來。

「阿彌陀佛！善哉，善哉。」印光嘆了一口氣，從錢包裡拿出一文錢遞給小乞丐，然後和那位師兄離開了。

「小朋友太缺善根了！遺憾，遺憾！」

好多年以後，印光和人家談到這件事時，對這位倔強的小乞丐，仍然感到是一輩子的惋惜。「南無阿彌陀佛」短短六個字，眞的這麼難念嗎？一點也不難，怪只能怪我們「障深慧淺」了。

＊ ＊ ＊

有一次，一位小沙彌和人家發生誤會，氣得臉紅紅、脖子粗粗的，印光看到了，便把他叫到旁邊，向他講了一個故事：

我童年的時候，住在村子裡，我們那個村子每年秋天稻穀收成以後，都會演戲酬神。

有一年，要演戲的時候，我想看戲，就一大早在戲還沒有開鑼時，先拿了一張椅子，放在戲台前的中央「占位置」。那是最好的位置，我心想，今天一定可以看得非常過癮了。沒想到，後來就發生了一件讓我一輩子難忘的事。

「噹！噹！」隨著開演的時間愈來愈近，戲台前的觀眾也愈來愈多，我坐在自己的椅子上，一心等待著「好戲開鑼」。突然間，有人從後面重重地推動我的椅子，險些把我從椅子上推落到地上。我都還沒有想到是怎麼一回事，後面已經響起一句粗暴的叫罵：「什麼人坐在這兒？放肆！」

「這是我的椅子呀！」

我詫異不已，難道坐在自己的椅子上也有罪嗎？但是，我連一句話都還沒有講完，對方就「啪！啪！」給我兩個大耳光，打得我兩眼冒金星。

我還沒有搞清楚怎麼回事，他竟又一揮手，把我的椅子抓起來「砰！」一把砸到老遠去。

戲台下的男女老少，統統把眼光聚集在我的身上，我這才看清楚，打我耳光、砸我椅子的人，是村子裡一個高大個子、遊手好閒的混混。

所有的人，顯然都等著看這一場台下的意外好戲，看我會如何反應？

我有一種打回去的衝動，雖然他的個頭兒大，我也不見得遜多少。要拚，只怕還有得拚哩！

但是，我忍下來了。我強忍著眼淚不讓它滴下來，默默地走到人群之外，撿起我的椅子，走回家去。

在回家的路上，我再一次做了一個決定，我決定不把這件事告訴家人。我想，父母如此地疼愛我，如果我把這事告訴他們，他們一定會去找這個大個兒理論，說不定還會找出他的家人，鬧成一大場口角風波。也或許兩家人吵鬧成一團，演出一場糾紛，萬一兩家人變成世仇，那不是更糟糕嗎？

那件事給我自己很大的教訓，我學到了忍耐，也學到了更多的自我反省。可不是嗎？人人都想看戲，人人都想站在最好的位置看戲。我一早就去占位置，把最好的位置占走了，我自己可以看戲看得痛快，人家卻少了一個好位置了。

我何不學得謙讓些，站遠一點，站偏一點，也一樣可以看戲呀！

同時我也想到，容忍才是正確的。倘若我當場和他扭打起來，或是回家找父母、找家裡的莊稼工人，到對方家去興師問罪，一定免不了一場風波。對誰有益呢？徒留笑柄和遺憾罷了。

好幾年以後，我在長安念書，因爲小心言行，全神努力在功課上，已小有名氣。我不常回家，但村裡的父老們對我的印象相當好，總認爲我是小村裡一個有出息的讀書人。有一次放假我和大哥一塊兒回鄉，一路上村裡的人都笑眯眯地迎接我們，老遠的，我看到了一個人影也擠在人群中。

那個人是誰？就是當初打我耳光、砸我椅子的「老大」。這時他站在路旁的人潮裡，笑嘻嘻地和大家一同歡迎著我們兄弟，還向我說，歡迎我到他家小坐、喝杯茶。我覺得感動極了！

我不知道他還記不記得當初打我耳光、摔我椅子的事，如果不記得了，當然最好，如果還記得，而依然願意向我伸出友誼的手，那不更加可貴嗎？

✽　✽　✽

小沙彌靜靜地聽著印光大師的故事，覺得心中頗有所悟。

印光大師因一生深研佛法、修持精嚴，有很多人說他是一位得道的高僧，最後還被尊稱爲淨土宗第十三代祖師。有關他的傳奇故事也相當的多，例如，有一位楊信芳女士，就有過這樣一段奇妙的親身經歷：

楊信芳在年輕時，一直都在上海念書。十八歲那一年，她念的是上海女子中學。她有一位同學名叫張孝娟，兩人情同姊妹，張孝娟的媽媽也一直把信芳當做親生女兒那樣地疼愛、照顧。楊信芳的家住得遠，所以常常住在張家。

那是民國二十五年的十一月二十三日晚上。楊信芳和平常一樣，放學後住在張家，和張孝娟睡在同一張床上。

忽然間，她感到自己遠遠地看到一個身影，那個身影愈來愈清晰，仔細一看，啊！那不就是觀音菩薩嗎？

鐵定就是觀音菩薩沒有錯！菩薩就和一般畫像的形像沒有兩樣，面貌慈祥，手中還拿著一只淨瓶！

觀音菩薩站在一座小島上，小島四周都是海，海天一色。她自己呢？哦！自己是坐在一條小小的扁舟上，這條小舟正朝著那座島駛去。

她抬頭一直看著這個奇妙的場景。觀音菩薩的法相，原來就是這個樣子哩！這時，觀音菩薩向她招招手，然後跟她說：「大勢至菩薩現在在上海教化眾生，你怎麼這樣昏昏迷迷的，不去聽佛法呀？」

「我……。」楊信芳不曉得該怎麼回答。

觀音菩薩又告訴她說：「印光和尚就是大勢至的化身，四年以後，他的化緣工作就要完結了。」

說完，菩薩的身影漸漸淡去，就不見了。

當菩薩消失之後，原來風平浪靜的大海，突然出現一陣狂風，捲起千頃巨浪。她所坐的小船，幾度被大浪掀得半天高，簡直就要翻覆過去，把她嚇得連呼救命，幸好睡在一旁的張孝娟即時把她搖醒過來。醒來，她才知道原來只是一場夢。

她醒過來以後，立即把整個夢境統統告訴張孝娟。天亮之後，兩人一同向張媽媽談起這個怪夢，並問張媽媽，有沒有一個菩薩叫作大勢至的？

「啊！」張媽媽驚呼起來：「大勢至是西方極樂世界的菩薩，難道你們都不曉得？」

兩人都搖搖頭。的確，兩人只知道念書求學問，根本不曾聽過除了觀音菩薩之外，還有一個大勢至菩薩的。

「那麼，有沒有一位印光和尚呢？難道也眞的有一位印光和尚在上海弘法嗎？」

「印光和尚，我在好久以前曾聽孝娟的爸爸談過，記得好像是普陀山的一位高僧。」

「他有來上海弘法嗎？」

「沒有聽說呀！」

這件事，使楊信芳覺得有些怪怪的。

隔了一天，更有趣的事出現了。楊信芳一早看報紙，忽然看到手中那一份《申報》上，刊登著一段有關「丙子護國息災法會」的消息。說是上海幾位有名的人，爲了替國家祈福、給眾生消災，特別請了印光大師到上海的「覺園」，主持這一場護國息災法會。

楊信芳趕快把這一段消息拿給孝娟和張媽媽看，三人都楞住了，天下哪有這麼巧的事呀？三人於是按著地址前去參加法會，在法會中，她們看見了印光大師，也聆聽了大師的開示。三人就在法會中當場皈依了。

四年之後，也就是民國二十九年（西元一九四〇年）時，楊信芳還住在上海。十二月六日，她接到蘇州一位朋友的來信，說是印光大師已在當年十一月四日於靈巖山坐化生西了。

楊信芳為了印光大師的逝世，當場痛哭不已。猛然回想，當年她夢到觀音菩薩時，菩薩曾經告訴她說，大師將在四年後化緣完畢，現在算起來，前後正是四年。夢境一一吻合，你能說這不是　件不可思議的奇妙嗎？

13 大師嘉言錄

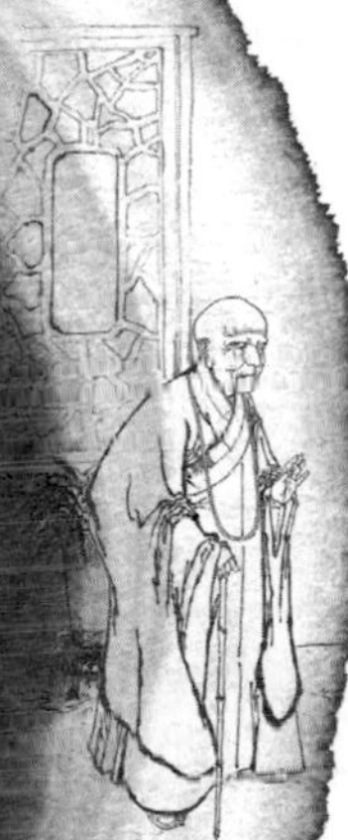

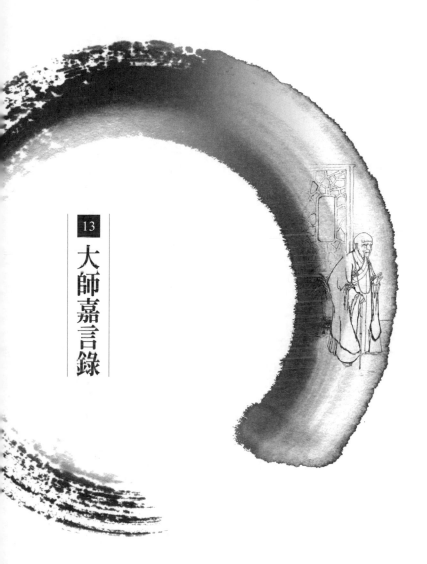

汝既知性情暴戾，當時時作我事事不如人想。縱人負我德，亦當作我負人德想。覺自己對一切人皆有愧怍，歉憾無已，則暴戾之氣，便無由生矣。凡暴戾之氣，皆從傲慢而起。既覺自己處處抱歉，自然氣餒心平，不自我慢貢高以陵人。

印光大師說這一段話的意思是：我們要曉得，自己的心其實是很粗暴的，一定要隨時隨地小心謹慎來面對自己的心才行。

所有的粗暴心，都因自己的傲慢而來。自以爲了不起，自以爲是世界上最重要的，別人不可以欺負我，不可以侮辱我，不可以侵占我的權利，剝奪我的所有物，不可以傷了我的自尊心……，一切的一切，統統從我、我、我來考慮，當然就忘了別人，當然就消不了粗暴心了。

只有時時想到：啊！我做這一件事情，可能傷害了別人；我說這一句話，可能讓別人難堪、受不了；我的一個眼神，會不會害人家的自尊心受損？我

的一個動作，有沒有妨害了別人的方便？……多想想這一些，常常覺得，自己對別人很抱歉，很過意不去，很不好意思。這樣，你的心靈才會慢慢地變得柔和一點，逐漸消除暴戾心。

你說，一個人如果能夠有這樣的修養工夫，時時自省，久而久之，是不是必然會變成一位好相處的人呢？

凡有忿怒、淫欲、好勝、賭氣等念，偶爾萌動，即作念云：「我念佛人，何可起此種心念乎？」念起即息，久則凡一切勞神損身之念，皆無由而起，終日由佛不思議功德，加持身心。敢保不須十日，即見大效。

這一段話是教人修養身心的方法。

印光大師認爲：如果你的心裡頭，忽然要對一件事生氣了，要對人家的一句話動怒了，對一個不該得到的東西想要去得到，甚至於看到美色起了淫心，看到金錢起了貪心，那就要小心啦！

如果不小心，任由這種心氾濫成災，「星星之火，可以燎原」。小小一個念頭，搞不好會牽引著你去做出不該做的事，惹上一場遺憾終生的大災禍！

那麼，該怎麼去克服這些不好的念頭呢？很簡單，只要在心中一出現這樣的念頭時，趕快告訴自己說：「啊！我是一個念佛的人，怎麼可以有這樣的念頭呢？」

只要輕輕地在心底裡這樣告訴自己，原來的那些雜念、邪念、不正當的「歪」念，就會被壓抑下來，慢慢就消失掉了。

就用這樣的方法來做吧！一次、兩次，試試看，你會發現：就這麼簡單，一句心中的話，就足以戰勝自己的千百種「歹念」了！

✻ ✻ ✻

「南無阿彌陀佛」，有人消遣這一句佛號，拿這一句佛號來開玩笑，說

是：南方沒有阿彌陀佛。還有一些奇怪的言論，例如說釋迦牟尼佛已經不再是西方的「當權派」了，現在的西方極樂世界由彌勒佛掌盤。

另外，也有人喜歡把佛像做成金章、玉珮，掛在身上，還有許多更奇怪的說法或是作法，到處流行。印光對這樣的消遣，非常地在意，也非常地痛心，嚴厲斥責這是一些「邪魔歪道」。

他一生弘法，總是不斷告訴他的弟子們，一定要奉行正法，不要被一些邪魔怪論迷惑了。

「南無阿彌陀佛，乃西方極樂世界教主之號。」有一次印光寫信給一位好友，特別提到他對世間奇言怪論的痛心，並且把散播奇言怪論的人罵成是「魔子」。他在那一封信裡說：「南無阿彌陀佛六字，是由梵語翻譯過來的。南無就是恭敬、皈命、頂禮、皈依的意思；阿彌陀佛是無量光、無量壽的意思。總括一句，便是向西方這位無量智慧、無量光的佛皈依、頂禮。」

把佛像、菩薩像做成金章、玉珮，佩掛在脖子上，有什麼不好呢？印光大師解釋：因爲人會到處走動，免不了「出污入穢」，如此做，會把佛帶到骯髒的地方，是大大地不敬。

* * *

醫師是救人傷病、解人苦痛的人，但是有的醫師卻沒有醫德，只顧賺錢。

印光有一次寫信和一位施智孚居士談到這種事，對沒有醫德的醫師大加痛罵。

古德云：不為良相，必為良醫，以其能濟世救人也。無知之人，專志求利，……上天必滅其福壽，其子孫必難發達。

當醫師是那麼神聖、偉大的行業，最好的宰相可以協助君王治國，施行良政使萬民同得其利；最好的醫師解人苦痛，和良相同樣地偉大。可是如果當醫師卻不重醫德，只求賺「黑心錢」，一定會減壽，甚至於還會連累子孫呢！

善緣集合者，則父慈子孝，兄友弟恭，夫唱婦隨，家庭充滿幸福。其仇冤報償者，則父子常鬧彆扭，兄弟等同路人，夫婦形同怨偶，精神常陷苦惱之中，人生幸福毫無矣。

這是他對善緣、惡緣的看法。一個人如果心地善良、做好事，家庭一定美滿；反之，如果天天做不好的事，家庭都會受到報應的。這種報應多麼可怕：父子不合，兄弟不合，夫妻不合，人生還有什麼快樂、幸福呢？

印光大師一輩子都在苦口婆心地勸人學佛行善，他留下來的金玉良言，真是人間最美好的禮物。

✽ ✽ ✽

有一位竇存我先生，在印光大師去世以後，寫了一篇紀念他的文章，提到大師生前的種種德行，其中有一段說到大師的生活極爲儉樸，他們受到大師的影響，和大師相處，眞是一滴水都不敢糟蹋。

「我曾將喝剩的半杯水，倒在痰盂裡，當場被大師糾正。」他談到這一段令他終生難忘的事。半杯水都不能糟蹋，印光大師眞是一位惜福的人。

後來他仔細觀察，發現大師一直到七十多歲時，衣服依然自己洗，房間依然自己打掃。

有一天，弟子送了四個饅頭進來給他吃，放在房子角落的一張茶几上，被大家忘了。

隔了兩天，大家才發現這四個饅頭，表面都已發霉。那位弟子覺得不好意思，想想乾脆自己吃掉算了，抓過來就要往自己的嘴巴塞，印光大師立刻把它搶過來，對弟子說：「你別吃了，會吃壞肚子的。」說完，把饅頭放在桌子底下，好像要把它們丟掉似的。

後來，當大家都離開房間，印光大師竟悄悄地把饅頭吃掉了。

這件事，使得竇存我感動得掉下淚來。

另外還有一位通亮先生，也提到印光大師的一件事，就是當大師圓寂之後，弟子們幫他整理遺物，發現他的「遺產」一共只有三十二圓。他一輩子幾乎都不曾擁有過任何值錢的財物。

阿彌陀佛萬德洪名，如大冶洪爐。吾人多生罪業，如空中片雪。業力凡夫，由念佛故，業❶便消滅。如片雪近於洪爐，即便了不可得。

印光大師說，我們每個人常在有意或是無意之下，做了很多錯事，這在佛家來說，就叫作「造業」。

我們做錯的事、造的業，多到什麼程度呢？下雪天的時候，跑到外面看看吧！我們一生所做的大錯、小錯，就多得如同那麼多的雪花，片片紛飛！

怎麼辦呢？我們有這麼多的過錯，如何才好呀？

不要緊的。阿彌陀佛是慈悲的佛，我們只要誠心改過，他會庇佑我們，寬

赦我們。當我們念他的佛號時，他就像一座超級特大號的爐，我們所有的罪，那些一片又一片的雪花，一一飄落在他的身上，正如同飄進一座超級大烤爐，頃刻之間統統溶化掉啦！

利人利物，不一定要錢。

存好心、說好話、行好事，凡無利益之心、之話、之事，均不存、不說、不行。滿腔都是太和元氣，生機勃勃。

印光大師說，要幫助別人，不必一定要很有錢才做得到。

沒有錢如何去幫助別人呢？

首先，你要常常想到自己有一顆好心。時時保持心地善良，這是最重要的第一步。

有了善良的心，還得表現出來。

如何表現？常常說好話，不好的話不要說。凡是罵人、譏笑人、毀謗人、造人家的謠言、侮辱別人……等的話，統統不要說。

每一句話要說出來之前，先想想：這一句話是好話，還是壞話？是好話，就把它說出來；是不好的話，算了，別說吧，吞下去最好！

說好話之外，還要做好事。幫助別人、有益別人、有益國家社會的事，就去做；損害別人、損害社會的不好的事，千萬不要去做！

假使能做到說好話、做好事、存好心，那你一定是一個快樂、善良的人，走到哪裡，都會覺得充滿信心、歡喜心，比光是有錢卻不會做好事、不會說好話、沒有好心腸的人要快樂千萬倍。

＊　＊　＊

在印光大師一輩子的學佛、弘法生活中，他的確一直堅持不收剃度徒弟，也不願在寺院裡當住持的原則。

他每到一座寺院去求住，一定自己整理、自己打掃、自己洗衣，力行簡樸

生活。有好多次是舉國名人、當朝大官前往拜訪他，找遍寺院，最後往往都是在一個小小角落裡，看到他在洗自己的衣服，或縫補自己的鞋襪。

關於印光大師的簡樸生活，他的一位弟子朱石僧先生還有一些很詳細地描述：

——他每一餐都只是一飯一菜。菜和大家吃的一樣，凡是有人送來比較好的，他一定拿出去給大家吃。

——他每次吃完飯，就用開水沖一下飯盒、菜盤，再把它喝個乾淨。他說，這樣才不會糟蹋糧食。因爲每一粒米、每一口菜，都是農人辛辛苦苦種出來的呢！

——他所穿的衣服，往往一穿就是好幾十年，破了再補、補了又破，縫縫補補，一直到不能再縫、再補才換新。

——他的房間裡有兩支撣灰塵用的雞毛帚，一把專門用來清理龕、供桌之用；一把清理房間，從來沒有混著用，或用錯哪一把。

——他有時要到處去奔走、宣講，必須帶著行李走，所以房間裡準備有綑綁行李的繩子。有人發現，那一條繩子至少已經用了五十年以上。他還有一張小板凳，白天當凳子，晚上當枕頭，也整整用了五十年！

——他給人家寫信，使用的是手邊任何可以寫字的白紙。他寫信、寫各種文書，用剩的紙尾，一定會小心翼翼地裁下來，下次再用。收到人家寄給他的信或各種郵件，他會把信封留下來，翻一個面，用漿糊黏好，當作一個新信封再利用。所有印著或是寫著文字的廢紙，他從來不願亂丟，一定會整整齊齊的摺好，交給收廢紙的人處理。

——有一位官位很高的先生，送了一串漂亮、高貴的蜜蠟佛珠給印光大師，大師一看，告訴他說：「您看錯人啦！我只是一個凡俗的人，不需要用這麼高貴、了不起的東西。」就把蜜蠟佛珠退了。

——有一次，政府多位要員到太平寺拜訪印光大師，還特別辦了一桌精緻的素食午餐，準備宴請大師。吃飯的時間到了，樓上樓下到處找，就是找不到大師的影子。後來他們在天井中看到他，正蹲在地上洗自己的衣服。

這些要員老早聽說印光大師的名聲，無論如何都不敢相信這樣一位偉大的

大師，竟還穿得這麼破舊，且還自己洗衣！

他們熱切地邀請印光大師上座用餐，大師卻說：「你們大家請吧！我吃不慣大餐的。」

一群人楞在那兒。印光大師笑瞇瞇地告訴他們說，他最愛吃的是饅頭配豆腐渣。

❖ 註釋 ❖

❶ 業：一切行為、言語、思想等身心活動。

14
決定生西

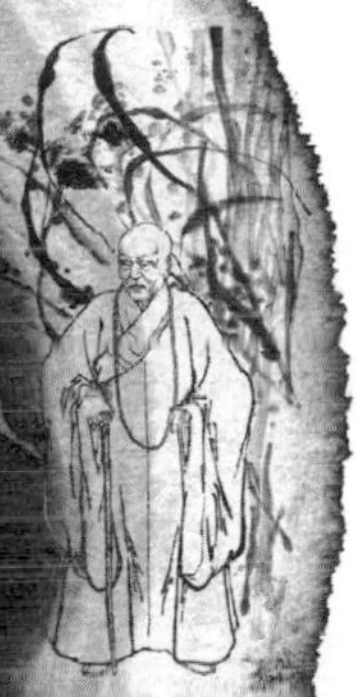

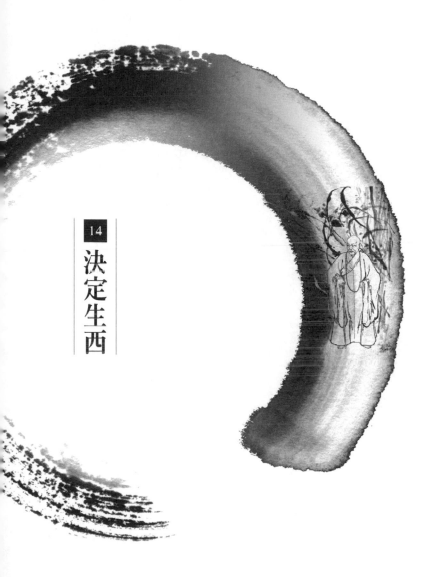

現在，我們要寫印光大師一輩中最後的一段故事了。這是民國二十九年（西元一九四〇年）的事。

這時的印光大師，已經有八十高齡了。八十歲的大師，身體還是很健康。他在晚年時，大都住在蘇州報國寺，從民國二十六年（西元一九三七年）起，因爲中國和日本打仗（即八年抗戰），戰火逼近，只好在二十六年十月移住靈巖寺。

住在靈巖寺的第四年，也就是民國二十九年的農曆十月二十八日，下午一點多鐘時，印光大師召集全寺的僧眾和各部門的負責人，告訴他們說：「靈巖寺十幾年來，一直由妙眞和尚代理住持，實在不應該一直代理下去，而應找一個日子，爲他舉行陞座典禮，正式接任才好。」

全寺的人當場討論起來，有人問他：「就在下個月九日那天舉行陞座典禮好嗎？」

印光大師說：「不行，不行，太遲了。」

大家都沒有聽出「太遲了」是什麼意思，但既然印光大師說太遲，大家便

再討論另訂一個日子。

「那麼，改在下個月的四號那一天好嗎？」這是大家討論出來的第二個時間。

「不行，還是太遲了！」印光大師說。

大夥兒面面相覷，只好再做進一步的討論。最後，大家又選了一個日子——十一月一日。印光大師才點頭說好。

究竟爲什麼不准大家選擇十一月四日以後的日子，當時沒有人曉得，後來才知道原來其中有「玄機」。印光大師是在四日那天往生的。

十一月一日很快地到了，印光大師精神暢旺，本來想親自主持妙眞和尚的陞座大典，因爲另有一位高僧眞達和尚遠從上海趕來，大師便請他主持典禮。

再過三天，十一月三日那個晚上，印光大師的神情看來像是有一點點疲憊的樣子，晚上只喝了一碗稀飯。用完餐，他告訴在旁邊的眞達和尚及隨侍的人說：

淨土法門，別無奇特，但要懇切至誠，無不蒙佛接引，帶業往生。

這句話的意思很明白，就是說：淨土宗其實也沒有什麼玄奇、奧祕的地方，只要很誠心誠意地去學習、去信奉、去實踐，一定可以得到佛的接引；就算一身都是罪業，佛也會原諒你，讓你在輪迴的時候獲得一條生路，讓佛接往西天。

那天晚上一點半，印光大師從床上坐了起來，告訴守在旁邊的人說：「念佛見佛，決定生西。我一直心心念念著佛，現在終於見到佛了，我要到西方極樂世界去了！」說完，便大聲地念佛。

兩點十五分的時候，他略為停了一下，向旁邊的人要水洗手，洗好雙手，說：「我已經蒙阿彌陀佛來接引，我就要去了。大家一定要念佛，要發願，要生西方！」

說完，印光大師從床上走到房間裡的一張椅子，面向西方，端端正正地坐下來，繼續念佛。

一直念到三點鐘，剛剛陞爲靈巖寺住持的妙眞和尚也趕來了，印光大師一看到他，便告誡他說：「你要好好地維持道場，弘揚淨土宗，千萬不要學大派頭才好！」

說完，印光大師繼續地念佛。整個房間裡的人也一直跟著他念佛，念到清晨五點鐘，他就在莊嚴的念佛聲中往生西方了。

第二年的農曆二月十五日，是印光大師往生滿一百天的日子，這一天要舉行「荼毘」大典（將他遺體火化的典禮）。

那天全國各地一共來了兩千多位貴賓參加大典，前一天是大雪紛飛的日子，當天天氣突然放晴。

眞達和尚負責舉火引燃，火一燒起，發出彩霞般的光輝。火化以後，留下許許多多的「舍利子❶」。有的大塊、有的小塊，有的像一朵蓮花、有的像一粒粒的珍珠，顏色五顏六色，非常好看。有些弟子把它們撿回去供養，有的則把它們盛在特製的寶塔、寶盒裡，帶回寺院去，供人瞻仰。一代大師，就此離開了大家。

念佛見佛
決定生西

在這一本書的最後，我們一同來看一段印光大師說過的話：

> 眾生心性，與佛無二；由迷背故，起惑造業，錮蔽本心，不能彰顯。
> 倘能一念回光，直同雲開月現。
> 性本不失，月屬固有；故得歷劫情塵，一念頓斷。
> 又如千年暗室，一燈即明。

很難懂嗎？不會的，多看幾遍就懂了。他的意思簡單地說是這樣的：其實，我們每一個人和佛都是一樣的。只是我們在人生的過程中迷路了，才和佛愈離愈遠；我們的心被很多不好的念頭矇蔽，才害得我們失去了和佛一樣的心。

只要我們在一念之間回頭，一定可以找回我們的佛心。我們的佛心就像天空中的月亮，一直都存在著，只是它常常被烏雲所遮，烏雲一走，月亮就會出現的。

印光大師

再怎樣的惡業、惡念，只要我們能堅定信心，便可以掙脫。就如同一個房間，漆黑了幾千年，從來不曾有過光亮，想起來很恐怖，其實有什麼恐怖呀？只要給它一盞燈，不就頓時明亮了嗎？還恐怖什麼呀？

你有過徬徨心、恐怖心嗎？把心裡的燈點亮起來吧！這只是一念之間的事。

❖註釋❖

❶舍利子：通常指佛陀的遺骨，後來也指高僧死後火化所遺留下的骨頭。中國多以豆粒狀者稱舍利子。

佛學視窗

- 時代背景
- 印光大師對佛教的影響與貢獻
- 印光大師年表

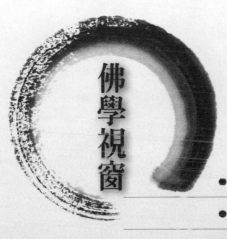

時代背景

印光大師出生在清朝咸豐十一年（西元一八六一年），於民國二十九年（西元一九四〇年）圓寂，正好是君主封建的滿清末年與民國創立初年的交接時期。

腐敗的清朝末年

在清朝中葉以前，中國是亞洲唯一的強國，在中國周圍的小國，大都會向中國朝貢（每隔一段時間，會派使臣帶些禮物來拜見中國皇帝，表示臣服）。但是，清朝中葉以後，這些小國先後一個一個地被英國、法國、日本給侵略、併吞，連中國東北與西北的國土也被俄國侵占。

特別是自西元一八四二年的鴉片戰爭以來，清廷在列強強大的軍火武力壓迫下，對外交涉一再挫敗，南京條約、四國天津條約、中英法北京條約、中日馬關條約、辛丑條約等，不平等條約一而再、再而三地簽訂，不只讓外國

人通商、傳教、建鐵路、開礦、航行，賠款連連，港口租借、割地、被劃分勢力範圍等等喪權辱國的行為，更是一直不斷地重演。

由於對外貿易增加（特別是鴉片進口激增），外國貨物充斥，農村原有的手工業趨於衰落，失業無依的人愈來愈多；再加上人口增加、耕地不足，土地集中在貴族、官僚、富豪的手上，清廷政治腐敗，清末當時有非常嚴重的社會、經濟問題，所以內亂頻頻發生。例如：西元一八五〇年的太平軍叛亂，連續不斷的捻亂（早在康熙年間，安徽、河南、山東等省的民間有一種迷信組織，以捻油紙，玩燈籠來驅病。參加這種組織的人，常常擄人勒索，形同強盜，稱為捻匪）與回亂（伊斯蘭教徒人民因不滿政府的不公平而叛亂）。整個中國精華區，幾乎全數陷入戰火，人民流離失所，田園荒蕪欠收。災禍連年，民眾沒有安定的生活。

武昌革命以後，清朝皇帝雖然退位，但是政權的轉移並沒有為當時的中國人帶來幸福，反而由於袁世凱想當皇帝的野心，引發更多的災難！袁世凱當政時，廣布北洋軍於全國各地；袁死後，其手下大將紛紛擴張自立，軍閥割據成爲事實，民國初年的國家政局也就一直不斷地在戰亂中度過。

佛教的式微與復興

清末中國佛教的艱難處境也像時局一樣，一方面是因爲鴉片戰爭後，清廷對西教採取保護政策。教民受到外人的保護，西洋的傳教士特別利用這種機會，在中國境內大肆傳教，甚至破壞神像、摧毀民族信仰、侵占教產，造成各地層出不窮的紛爭。另一方面，由於當時佛教界缺乏深刻修持的大師，所以佛教與道教，甚至一般的民間信仰，幾乎沒有太大的差別！

當時大部分的出家人都是在趕經懺謀生賺錢，由於這種行爲對清末民初多災多難的中國社會沒有什麼幫助，難以發揮大乘佛教的濟世精神，因此招來社會各界，特別是許多讀書人的指摘與批評。如張之洞在戊戌變法的那一年著《勸學篇》，主張利用全國寺院的財產來興辦學校，獲得滿清政府的批准。後來雖然被廢止，但是被併吞占去的寺院財產無法計數，並引起各省土豪劣紳的貪意。

爲挽救佛教的衰微，不少有識之士出面挽救，像章太炎的呼籲；江蘇天寧寺文希法師首創普通僧學堂，招收僧青年；楊仁山居士於光緒三十三年（西元一九〇七年），就「金陵刻經處」設立「祇洹精舍」，招集出家、在家青年十數人，研究佛學、漢學及英文。另外，兩江總督端方在宣統元年（西元一九〇九年），於南京三藏殿開辦僧伽師範教育，也積極培養佛教師資人才。

印光大師有鑑於清末到處戰亂，天災人禍屢屢發生，匪盜猖獗，民不聊生，生靈塗炭，其他的佛教學派沒有辦法像淨土法門那樣直接解決人民的苦難以適應時代的需要，所以一方面自己長期刻苦地精修淨土法門，一方面也藉著文字的智慧，向社會大眾宣說。終於促使中國佛教，特別是淨土宗走上復興的道路。

印光大師對佛教的影響與貢獻

印光大師的一生，主要在弘揚淨土法門，他最重要的思想就是傳統的念佛思想。在方法上，他選擇持名念佛。善導大師的《觀無量壽經疏》中特別提到，就算是做了非常多壞事的人，臨命終時，如果能夠得到善知識的開導，及時誠心念佛，一樣可以往生極樂世界。可見這種持名念佛的方法十分殊勝，因爲能夠使罪惡深重的人往生淨土，更可以顯出阿彌陀佛的超勝願力。

佛學思想淵源

至於印光大師對淨土思想的信心，初期是因爲偶然中在湖北蓮花寺曬經期，讀到《龍舒淨土文》殘缺本而生起的；其次是在雙溪寺受戒期間，眼疾發作，因精進念佛而痊癒。由於他親自體驗到念佛法門的不可思議，所以加深信心。

二十六歲時，他到淨土道場紅螺山資福寺專修念佛法門，並自號爲「繼廬行者」，以繼承廬山慧遠大師爲他的志業。後來印光大師住錫浙江普陀山法雨寺二十多年，早晚就是讀誦藏經與念佛，並注重個人修行。

印光大師畢生有三項行事原則：一、不當住持；二、不收徒眾；三、不登

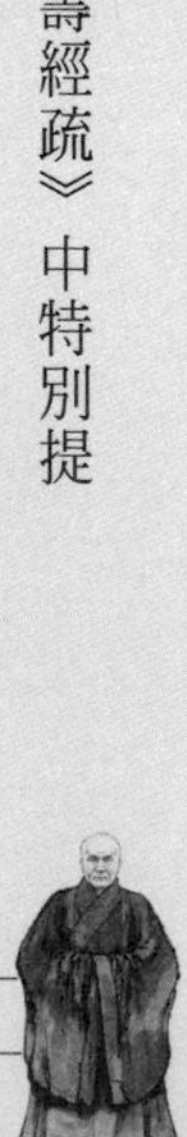

大座。從這三個原則，我們可以看出大師對名利的淡薄與謙虛；另外，他一向刻苦儉樸，遵守戒律，並且以身作則，平常就是向人介紹老實念佛，或最平實的倫常生活道理。

修行法門

印光大師一貫教人修行的方法，首先必須要盡自己的本分，孝順父母、尊敬師長、慈悲不殺動物。其次要懂因果報應，不做壞事、多做好事，並且要從本身的行爲做起，然後好好教育自己的親人、子女，護持佛教、尊敬三寶。再進一步，要專心一意地念佛，不管是平常還是生病，都要時時牢記佛號。

他認爲只要用心，必定會有感應！因爲阿彌陀佛是大醫王，而念佛修持就好比吃最好的補藥。最後是「攝心念佛」與「十念記數」，「攝心念佛」就是至誠懇切地用心，口中念佛、心中想佛、身體拜佛，必須專心，就好像火燒到頭了，要趕快滅火；也好像母雞孵小雞一般。而「十念記數」就是平常念佛時，從一句到十句，每一句都要念得清楚明白。

大師的著述

民國元年（西元一九一二年）起，印光大師經常以「常慚愧僧」的筆名，發表文章在佛學叢刊。由於他的文章平實容易了解、深入淺出，具有大悲心、有眞感情、有個人的見解，而且文筆相當典雅，說理也非常透徹，所以很多人受到吸引，他的名聲也愈來愈大。

此外，由於印光大師高超人格的感化，使得非常多的人前來向他皈依或學習。還有非常多的人原本對佛教不認同，因爲讀了《印光大師文鈔》一書，由反對佛教、毀謗佛教而轉而信佛，或專心念佛。雖然大師沒有收出家的弟子，但是事實上，有很多在當代非常有名的出家、在家人，以他爲模範。像弘一律師、德森法師、大醒法師、高鶴年、范古農、李炳南等居士大德。

清末民初時局擾攘，渴求宗教信仰，是當時廣大民眾的普遍需求。而印光大師的淨土思想，透過《文鈔》及他個人道德的影響，感動了千千萬萬的信徒，使許多人得到佛法的利益，他也因此成爲中國近代佛教史上，信眾最多、影響力最遠的高僧之一。

其次，印光大師曾經編修普陀、五台、峨嵋、九華山四大名山的志書，又在吳縣重新建立靈巖寺，由眞達和尚主持。

印光大師一生的操守非常令人敬佩，不但學問好，而且淡薄名利，待人誠懇，行爲更值得稱許。由於他感化的人非常多，所以被稱爲民國以來淨土宗的發揚者，也被尊稱爲淨土宗十三祖。

印光大師弘揚淨土宗的意義與目的

淨土宗的傳承不像禪宗，師徒輩分非常分明。主要是因爲禪宗需要老師印證，所以師承很重要；而淨土宗則強調對淨土的信仰與修行，所以淨土宗各祖師間的傳承並不明顯，甚至有間隔數代的情形。然而就思想的角度來看，這些淨土宗的祖師傳承都有共通的關係。淨土宗所弘揚的，就是以往生極樂淨土爲目的。由於西方極樂世界的菩薩都是由蓮花化生，所以淨土宗又稱爲蓮宗。

至於往生，就是希望藉由阿彌陀佛的慈悲願力，能夠在死後受到阿彌陀佛的接引，托生在蓮花中，自然地成爲極樂世界中的一員。

印光大師之所以要鼓吹淨土思想，主要是因爲親眼看到當時佛教宗派的流弊相當多；再加上時局不安，戰雲密布，人們修學佛法的道心與根器都不像從前，能夠參禪開悟的實在沒有幾個。所以，他認爲不如精進念佛求往生，畢竟我們人的壽命有限，而修行的法門則是無量。東學西學，可能沒有一種學得好，不如專心地修一種方法。因爲，如果能夠念佛得到三昧的智慧，那一切善的與好的行爲都在其中。而且我們這個世間的人類與阿彌陀佛特別有緣，所以比較有機會認識並往生到西方極樂世界。另外，我們這世界的人心比較混亂且污濁，專心念一句佛號，實行起來會比較容易。

印光大師鼓勵我們修淨土法門，主要就是希望我們活在世上的時候，能夠看清楚世界的眞相，多念佛並且學習佛陀的慈悲與智慧，在世間盡量以自己的能力，多做善事、少做壞事。等將來死了以後，能夠到阿彌陀佛那邊專心進修，一直到學習有所成就，再回來幫助需要幫助的眾生。因爲只要到了彌陀淨土那邊，好的心念永遠不會退轉，而且能夠同許多的大菩薩一起學習、一起修行。

至於往生，有三種最重要的條件：

第一是「信」。我們要相信確實有「極樂世界」，而且就像佛經上所說的那樣美好與莊嚴，只要我們誠心念佛，一定可以往生。

第二是「願」。既然相信阿彌陀佛所建造的「極樂世界」非常好，而且相當殊勝，就要發出眞心來，希望自己將來壽命終了，能夠生到極樂世界去。

第三是「行」。就是要確確實實地去修行（修福修慧）、念阿彌陀佛、做各種功課，並常常想到極樂世界。這信、願、行三件事，就好比一只香爐，如果少了一隻腳，就沒辦法擺正、放平，所以都非常重要。

印光大師年表

中國紀元	西元	年齡	印光大師記事	相關大事
清文宗咸豐十一年	1861	1	出生於陝西部陽縣。	慈禧太后聽政。
清德宗光緒元年	1875	15	隨長兄至長安讀聖賢書。	
光緒七年	1881	21	到終南山的南五台蓮華洞，從道純老和尚出家。被找回家，後又離家至湖北竹溪蓮花寺。	曾紀澤改訂伊犁條約。
光緒八年	1882	22	於陝西興安縣雙溪寺受具足戒。	平定朝鮮之亂。

光緒十二年	1886	26	入河北懷柔縣紅螺山資福寺，專修念佛法門。	
光緒十六年	1890	30	至北京龍泉寺擔任「行堂」。	
光緒十七年	1891	31	掛單北京圓廣寺。	
光緒十九年	1893	33	住普陀山法雨寺藏經樓，爲首座和尚。	
光緒二十年	1894	34		中日戰爭爆發。興中會成立。
光緒二十三年	1897	37	宣講《彌陀便蒙鈔》，結束後，前後閉關兩期，共計六年。	德占膠州灣，俄占旅順、大連。
光緒二十四年	1898	38	《名山遊訪記》作者高鶴年居士，訪普陀山，參見大師。	法租廣州灣，英租威海衛。百日維新，慈禧太后三次聽政。

光緒三十年	1904	44		日俄戰爭。
清宣統三年	1911	51		武昌起義各省響應。
民國元年	1912	52	以「常慚」爲筆名發表文稿，刊登於《佛學叢報》。	中華民國臨時政府成立。
民國三年	1914	54	著《淨土決疑論》。	第一次世界大戰爆發。
民國六年	1917	57	北京徐蔚如居士刊印《印光法師信稿》一書。北京、天津一帶大水災，囑高鶴年賑災。	
民國七年	1918	58	徐蔚如居士在北京印行《印光大師文鈔》。	第一次世界大戰結束。
民國八年	1919	59	爲印經事至上海。	

民國十一年	1922	62	北洋總統徐世昌頒「悟徹圓明」匾額一方。	陳炯明叛變。
民國十四年	1925	65		孫中山先生逝世。五卅慘案。國民政府成立。
民國十五年	1926	66	陝西、甘肅一帶大水災，急撥印行《文鈔》之款賑災。	
民國十七年	1928	68	離開普陀山，住上海太平寺。	濟南慘案。
民國十九年	1930	70	將幾萬冊經書捐贈給明道法師，於上海創立「弘化社」。	
民國二十年	1931	71		九一八事變。
民國二十一年	1932	72		上海一二八事變。

民國二十五年	1936	76	應上海護國息災法會說法。	西安事變。
民國二十六年	1937	77	移錫蘇州靈巖寺。	七七事變。第二次世界大戰起。
民國二十九年	1940	80	十一月四日於靈巖寺圓寂。	日、德、義三國成立同盟。

國家圖書館出版品預行編目資料

謙虛的大和尚：印光大師 / 邱傑著；劉建志繪.
-- 二版. -- 臺北市：法鼓文化, 2010.08
面； 公分

ISBN 978-957-598-532-5(平裝)

224.515 99011539

高僧小說系列精選 18

謙虛的大和尚——印光大師

著者／邱傑
繪者／劉建志
出版／法鼓文化
總監／釋果賢
總編輯／陳重光
編輯／李金瑛、李書儀
佛學視窗／朱秀容
封面設計／兩隻老虎廣告設計有限公司
內頁美編／連紫吟、曹任華
地址／臺北市北投區公館路186號5樓
電話／(02)2893-4646 傳真／(02)2896-0731
網址／http://www.ddc.com.tw
E-mail／market@ddc.com.tw
讀者服務專線／(02)2896-1600
初版一刷／1996年11月
二版二刷／2018年4月
建議售價／新臺幣190元
郵撥帳號／50013371
戶名／財團法人法鼓山文教基金會—法鼓文化
北美經銷處／紐約東初禪寺
Chan Meditation Center (New York, USA)
Tel／(718)592-6593 Fax／(718)592-0717

法鼓文化